새는 돈 모아주고 자는 돈 불려주는

머니클리닉

새는 돈 모아주고
자는 돈 불려주는

머니클리닉

임영철 지음

21세기북스
www.book21.com

위기에 처한 개인과 가정의 CEO가 돼라

충격적인 미국의 금융대란에서 시작된 세계적인 금융 위기, 부동산 버블과 멜라민 파동 등으로 인한 중국 경기의 침체, 전 세계적인 부동산시장의 불황, 경상수지 사상 최대 적자, 1인당 채무금 사상 최고치…… 요즘 신문과 뉴스 헤드라인을 통해 자주 접하게 되는 문구들이다. 국내외 경제가 어려운 만큼 가계와 개인의 주머니 사정 또한 악순환이 계속되고 있다. 펀드 수익률은 바닥을 치고 있고, 내 집 마련을 위해 받았던 대출금의 이자율은 계속 치솟으며 가슴을 짓누른다. 매월 수입이 일정한 상황에서 재테크는커녕 수입보다 지출이 크지 않으면 그나마 다행이다.

이토록 어려운 상황 속에서 어떻게 하면 마이너스 경제의 악순환에서 벗어나고, 저축까지 할 수 있을까? 우선 가정과 개인의 재무구조를 정확하게 파악하고, 그 결과에 따라 가계 운영을 적절히 수정하고 보완하는 시간을 가져야 할 것이다. IMF구제금융 시절 기업들이 자체 구조조정을 통해 힘든 시기를 참고 이겨낸 것과 같이 가계 관리에서도 보다 더 꼼꼼하고 합리적인 구조조정이 필요하다는 말이다. 이미 가입한 펀드의 저조한 수익률을 회복할 수 있는 적절한 전략은 없는지, 현재 활용 중인 보험이 나와 가정 상황에 적합하게 구성되어 있는지, 가계부 관리에 구멍은 없는지, 혹시 불필요하게 새어나가는 지출은 없는지 등을 다시 한 번 점검해 보아야 한다. 그러나 이러한 재무구조의 개편을 단행해야 하는 것이 최근의 경제 상황이 악화되었기 때문만은 아니다. 상황이 좋든 그렇지 않든 합리적이고 효율적인 가계 관리는 재무설계, 즉 재테크의 필수적인 요소다.

해외여행을 계획할 때, 물론 인터넷과 유경험자의 조언을 통해 여러 가지 정보를 수집한 뒤 혼자 힘으로 떠날 수도 있다. 하지만 여행사 직원의 도움을 얻고, 여행지에서는 현지의 상황을 잘 아는 가이드의 도움을 받는다면 가장 편안하고 안전한 여행을 즐길 수 있을 것이다. 재무설계도 마찬가지다. 혼자만의 힘으로 현재의 재무구조를 객관적으로 파악하고, 앞으로의 재무계획을 수립하며, 수없이 많은 금융상품들 중에서 자신에게 적합한 상품을 골라 투자를 시작한다는 것이 결코 쉬운 일은 아니다.

재무 상담을 하다 보면 이제 막 사회생활을 시작한 20대 직장인, 결혼을 앞둔 미혼 남녀, 집 장만을 계획하는 가장, 자녀 교육을 위해 동분서주하는 부모, 은퇴를 앞두고 노후를 고민하는 중년 부부 등 다양한 사람의 다양한 고민들을 접하게 된다. 성별, 연령, 경력, 결혼 여부에 따라 그들이 겪는 고민과 고충은 저마다 다르다. 개개인의 사정이 다른 만큼 누구에게나 통할 수 있는 절대적인 재무계획이란 애초에 성립할 수 없다. 그렇기 때문에 지금 이 시점에서 재무계획을 세워야 하고 전문가의 조언을 구해야 하는 이유는 더욱 분명해진다.

20대 사회 초년생이 30대 신혼부부의 고민을 미리 헤아리고 준비하기란 쉽지 않다. 또 30대 신혼부부가 50대 후반의 중년부부에게 닥친 문제를 미리 알고 대처하는 것도 쉽지 않다. 그리고 이제 막 펀드 투자를 시작한 사람이 5년 이상 펀드를 활용한 사람의 경험과 시장에서의 적절한 대응 전략을 안다는 것도 무척 어려운 일이다.

이와 달리 재무상담사는 다양한 부류의 사람들, 다양한 상황과 접하면서 여러 가지 경험을 하게 된다. 이와 같은 경험이 쌓이면서 이런 상황에서는 어떤 전략에 무게를 두고 저런 상황에서는 어떤 목표에 중점을 두어야 하는지, 또 각각의 재무목표에는 어떤 금융상품을 어떻게 활용해야 적절한지 노하우를 터득하게 된다. 그리고 이런 전문적인 지식과 정보를 바탕으로 도움을 필요로 하는 이들에게 재무관리의 중요성을 인식시키는 한편 각자의 상황에 맞는 적절한 정보를 제공한다. "보험은 이렇게 가입하는 것이 좋고, 펀드는 이런 목적으로 가입하여 이렇게 활용해야 합니다. 그리고 부동산은 이럴 때 이렇게 활용해야 최선의 수익을 올릴 수 있습니다." 즉 제3자의 입장에서 객관적인 방안을 제시하는 것이다.

이 책에는 실제로 재무 상담을 진행할 때의 과정이 그대로 반영되었다.

첫째, 현재의 재무 상황을 파악하는 단계를 반드시 거쳐야 한다. 이 단계는 재무 상담에서 가장 우선시되는 과정이다. 수입이 얼마인지, 지출은 어떻게 되며 수정할 부분은 없는지, 그리고 앞으로의 계획에 따라 어떻게 책정해야 하는지 등을 파악하는 단계이다. 이 책의 Chapter 1에서는 이 부분에 대해 이야기할 것이다.

둘째, 현재 활용 중인 금융상품과 앞으로 활용할 금융상품에 대해 정확하게 파악해야 한다. 보장성보험, 예·적금, 펀드와 같은 금융 상품을 제대로 활용하기 위해 그 상품들이 가진 특징 및 장단점을 알아보아야 한다. Chapter 2에서는 보험상품이 보험 가입 목적에 적합한지 판단하고 수정하며 보완하는 방법을 알려줄 것이다. 그리고 Chapter 3에서는 펀드라는 금융상품에 대해 제대로 알고 이를 적절하게 활용하는 방법에 대해서 이야기하고자 한다.

셋째, 재무계획을 세우는 기준과 방법에 대해서도 알아야 한다. 누구나 인생을 살아가면서 나름의 계획을 세운다. 물론 각자가 처한 상황에 따라 그 계획 역시 다를 수밖에 없다. 하지만 누구를 막론하고 공통적으로 세워야 하는 재무목표가 있기 마련이다. 결혼, 내 집 장만, 자녀교육, 노후대비 등과 같은 재무계획은 삶을 살아가면서 누구나 염두에 두어야 할 계획들이다. Chapter 4에서는 이러한 대표적인 재무계획들에 대한 특징, 규모, 준비 방법 등에 대해서 다루었다.

물론 모든 재무상담사가 개개인에게 객관적이고 현실적이며 합리적인 재테크 방법을 알려주는 것은 아니다. 때문에 성실하고 능력 있으며 신뢰할 만한 재무상담사를 찾는 것이 매우 중요하다.

이 책은 이미 거금을 굴리고 있는 부자들을 위한 책은 아니다. 재테크는 고사하고 단돈 만 원도 저금하기 힘든 사람, 아무리 줄이고 아끼려 해도 적자에 허덕이는 사람, 할부 인생이라는 악순환의 고리에서 벗어나지 못하는 사람, 자기 이름으로 된 적금통장 하나 없는 사람 등 재테크에 문외한인 사람들의 마이너스 인생을 플러스 인생으로, 적자 인생을 흑자 인생으로 전환하도록 하는 것이 이 책의 목적이다.

바로 오늘부터 체험하기를 바란다. 이 책을 당신과 당신 가정의 금융 주치의로 삼아 보라. 한 번도 상상하지 못했던 여윳돈이 생겨 매월 저축을 불리는 놀라운 경험을 하게 될 것이다. 적어도 재무계획을 세워야 하는 필요성과 재테크에 대한 자신감을 반드시 얻게 될 것이다.

임영철

| 차례 |

프롤로그_ 위기에 처한 개인과 가정의 CEO가 돼라 005

Chapter **01** 자산상태 정밀 진단하기

1. 보너스도 월수입에 합산하라_ 015

2. 가계부로 지출을 통제하라_ 021

3. 세금도 계획적으로 지출하라_ 026

4. 카드 할부는 재무설계의 가장 큰 적이다_ 031

5. 먼저 저축하고 남은 돈으로 소비하라_ 036

6. 내 돈이 어디에 어떤 상태로 있는지 명확히 파악하라_ 042

7. 수입 및 지출 파악 후 재무 현황을 기록하라_ 048

Chapter **02** 보장성보험 재점검하기

1. 불필요하게 새는 곳 알아야 과다출혈 막는다_ 056

2. 건강보험 가입하기 전 꼭 알아 둘 것들_ 070

3. 순수보장형으로 가입하라_ 074

4. 정기특약과 정기보험을 충분히 활용하라_ 079

5. 현 보험을 정확하게 분석하고 수정 보완하라_ 084

Chapter 03 펀드 비타민, 제대로 알고 복용하기

1. 도대체 펀드가 뭐죠?_ 092
2. 펀드의 위험성을 인지하라_ 101
3. 펀드와 적금의 수익률 산출 방식을 이해하라_ 107
4. 펀드 수수료를 이해하라_ 110
5. 나는 어디에 투자해야 하나_ 119
6. 펀드, 시간에 투자하라_ 123

Chapter 04 목표에 따라 재무계획 호전시키기

1. 충분한 예비자금을 확보하라_ 134
2. 주택 마련을 위한 계획을 수립하라_ 141
3. 자녀 교육자금 마련을 위한 계획을 수립하라_ 162
4. 노후대비를 위한 계획을 수립하라_ 174

Chapter 05 재무설계 종합 처방전

1. 결혼을 앞둔 미혼 여성의 재무설계_ 208

2. 결혼을 앞둔 미혼 남성의 재무설계_ 216

3. 결혼 6개월차 맞벌이 신혼부부의 재무설계_ 224

4. 지출이 많은 40대 부부의 재무설계_ 234

에필로그_ 원하는 목표를 달성하는 것이 바로 '자산 관리' 243

CHAPTER **01**

자산상태
정밀 진단하기

보너스도 월수입에 합산하라

가계부로 지출을 통제하라

세금도 계획적으로 지출하라

카드 할부는 재무설계의 가장 큰 적이다

먼저 저축하고 남은 돈으로 소비하라

내 돈이 어디에 어떤 상태로 있는지 명확히 파악하라

수입 및 지출 파악 후 재무 현황을 기록하라

보너스도 월수입에 합산하라

투자 여력의 극대화 전략

Q1 결혼 3년차 부부입니다. 가계 총수입 가운데 남편의 월수입이 220만원이고, 저는 월 120만원이며, 보너스는 3개월에 100만원씩 받고 있습니다. 지출은 각자 용돈을 합해 35만원, 부모님 용돈 20만원, 생활비 60만원, 관리비 및 전화비 23만원, 보험료 34만원, 연금 20만원, 적금 및 적립식 펀드 80만원, 전세보증금 대출 상환금 30만원입니다.

수입이 지출보다 많기 때문에 당연히 돈이 모이고 저축도 더 많이 할 수 있어야 합니다. 그런데 이상합니다. 이래저래 경조사비 등 의외의 지출이 있다고 하더라도, 돈이 모이지 않는 것이 너무 속상합니다. 돈 관리를 제대로 못하는 것일까요? 어떤 부분이 문제일까요?

A 재무 상담을 하는 첫 단계에서 가장 먼저 하는 질문은 "당신의 수입은 얼마입니까?"입니다. 이 질문에 대부분의 상담 의뢰자들은 "100만원입니다." 또는 "200만원입니다." 하고 대답합니다. 그런 다음 한 가지 질문을 더 합니다. "혹시 보너스는 받으시나요?" 이 질문에 대부분의 사람들이 "네."라고 대답합니다. 다시 "그럼 당신의 진짜 수입은 얼마입니까?"라고 물으면 많은 분들이 선뜻 대답을 하지

못하고 당황하는 모습을 보입니다.

대부분의 맞벌이부부가 가정생활과 직장생활을 병행하다 보니, 정신없이 돌아가는 일상에 치여 자금 관리를 꼼꼼하게 하지 못하는 것 같습니다. 현재의 문제점에 대한 해결책은 두 가지입니다.

첫째, 선저축 후소비의 습관을 길러야 합니다.

Q1 의뢰인의 수입과 지출내역을 파악한 상황에서는 분명 매월 30만원가량의 잉여자금이 발생합니다. 이 부분은 매월 남아 있거나 적금과 같은 금융상품으로 적립되는 것이 당연합니다. 그렇지 못하고 있다면 잘못된 습관 즉, '소비가 다 이루어진 이후 남는 돈으로 저축 및 투자를 하자' 라는 재무관리 방법을 택하고 있기 때문입니다. 내 지갑에 쓸 수 있는 돈이 있고 눈앞에 사고 싶은 물건이 있다면, 당연히 사고 싶은 마음이 절제력을 이기기 마련입니다. 이런 지출이 바로 충동구매인데 이런 충동구매가 잦다 보면 본인도 모르는 사이에 돈이 사라져 버립니다. 꼼꼼한 가계부 관리를 통해 저축 및 투자액을 먼저 책정해 놓고 남는 돈으로 지출을 관리한다면, 훨씬 더 만족스럽게 자금관리가 되고 있음을 느끼게 될 것입니다.

둘째, 보너스도 수입으로 책정해야 합니다.

Q1의 의뢰인처럼 월수입 내역 중 주기적인 보너스 수입이 있다면, 월평균 수입의 책정은 분명 달라져야 합니다. 즉 본인의 수입은 '월 120만원에 보너스가 3개월에 100만원' 이 아니라 '월 153만원(120만원+100만원/3)' 으로 판단하고 관리해야 하는 것입니다.

위 두 가지 방법만을 취하여 재무관리를 한다면 다음 표와 같은 결과가 나타납니다.

수입 · 지출 현황

수정 전			수정 후 (단위: 원)		

소득	금액	소계	소득	금액	소계
근로소득		3,400,000	근로소득		3,730,000

지출	금액	3,020,000	지출	금액	3,020,000
비소비성 지출		1,300,000	비소비성 지출		1,300,000
정기 저축 및 투자	800,000		정기 저축 및 투자	800,000	
연금	200,000		연금	200,000	
대출상환	300,000		대출상환	300,000	
소비성 지출		1,720,000	소비성 지출		1,720,000
관리비 및 통신비	230,000		관리비 및 통신비	230,000	
부모님 용돈	200,000		부모님 용돈	200,000	
용돈	350,000		용돈	350,000	
생활비	600,000		생활비	600,000	
보장성보험	340,000		보장성보험	340,000	
잉여자금		380,000	잉여자금		710,000

〈보너스를 수입에 넣지 않은 경우〉   〈보너스를 수입에 합산한 경우〉

　　매월 어디로 사라지는지 모르는 38만원이란 자금을 찾아내어 투자를 하고 월수입 산출 방식을 조정한다면, 매월 Q1 의뢰인의 저축 및 투자액은 100만원이 아닌 171만원이 됩니다.

　　중요한 것은 71만원이라는 적지 않은 돈이 불분명한 이유로 지출이 되고 있다는 것입니다. 이는 부부의 용돈(합 35만원)과 생활비(60만원) 항목의 망에 걸리지 않은 부대 지출일 가능성이 큽니다. 쇼핑을 하거나 부부가 문화생활을 즐기면서 그때의 기분에 따라 필요 이상으로 지출한 부분에 대해서는 꼼꼼한 주부라 하더라도 놓치는 경우가 더러 있습니다. '이 정도쯤이야.' 하는 생각으로 쉽게 지갑을 열어 현금으로 지출했을 때는 그것을 추적하기가 쉽지 않기 때문입니다. 그리고 우리나라의 가정의례 상 경조사비가 만만치 않게 지출되는데 이를 대비해 매월 일정한 금액을 경조사비용으로 비축해 두는 것도 좋은 방법입니다.

기대수익률 10%에 치중하기보다는
새는 돈을 막아 투자액을 높여라

재무 상담을 문의해 오는 사람들이 처음 던지는 대표적인 질문 중 하나가
"매달 얼마를 투자할 수 있을 것 같은데 어느 금융상품을 활용해야 가장 적합
할까요?"다. 그럴 때마다 "그런 금융상품을 찾는 것에 앞서서 고객님의 가계
현황을 먼저 파악했으면 합니다."라고 대답한다.

재테크, 곧 재무설계를 통하여 자산을 불리는 데 가장 좋은 밑거름은 무엇
보다도 종자돈을 마련하는 것이다. 종자돈이 마련되어야 투자할 수 있는 방
향도 다양해지고 투자로 인한 효과도 극대화시킬 수 있게 된다. 이런 종자돈
을 마련하기 위해 반드시 지켜야 할 재무설계 원칙은 매월 일정액을 꼬박꼬
박 정해진 기간 지속적으로 투자하는 것이다.

이렇게 '일정 금액을 매월 어디에 투자할까?' 라는 고민에 앞서서 '나는 정
확히 매월 얼마만큼의 금액을 저축 또는 투자할 수 있을까?' 를 먼저 고민해야
한다.

더 정확히 말하면, 매월 50만원을 1년 동안 투자하여 10%의 기대수익률을
얻을 수 있는 적립식펀드가 있을까 고민하는 것보다 내 가계부에서 어딘가로
불필요하게 새는 돈은 없는지 꼼꼼하게 파악하여 저축 여력을 늘리는 것이
더 중요한 재무설계라는 것이다.

투자방법: 적립식펀드(주식형)

월 투자액	투자기간	투자원금	이자율	세후수령액
50만원	12개월	600만원	10%	660만원

투자방법: 적금(상호저축은행)

월 투자액	투자기간	투자원금	이자율	세후수령액
55만원	12개월	660만원	6%	675만원

매월 50만원을 10%의 기대수익률을 가진 적립식펀드에 1년간 투자하기 위해 고민하는 것보다, 가계부 관리를 꼼꼼히 하여 새는 돈 5만원을 잡아서 매월 55만원을 6%의 저축은행 적금에 투자를 하는 것이 더 효과적일 수 있다. 물론 새는 돈 5만원을 잡아 수익률이 10% 수준으로 달성 가능한 적립식 펀드를 찾아 투자를 한다면 금상첨화일 것이다.

가계부로 지출을 통제하라

재무관리의 설계도, 가계부 작성법

Q2 이제 결혼한 지 2개월 된 여성인데 전세보증금 9,000만원으로 결혼생활을 시작했습니다. 결혼 초에 이런저런 행사로 정신없이 살다가 이제부터 돈 관리를 해야겠다는 생각이 들어 시작하려니, 어디부터 어떻게 해야 할지 모르겠습니다. 결혼 전에는 부모님이 관리해 주셨는데, 막상 결혼하고 제가 돈 관리를 직접 해야 하니 난감하네요.

Q3 저는 40대의 대기업 부장입니다. 분명 적게 버는 것은 아닌 것 같은데, 저축이 되지 않습니다. 또한 친구나 직장 동료들보다 특별히 많이 쓰는 것 같지도 않은데 항상 주머니 사정이 빠듯합니다. 아내와 이런 부분으로 자주 다투기도 합니다. 아무리 생각해도 분명 과소비는 아닌 것 같은데 무엇이 문제인지 모르겠습니다.

A 신혼 초기라면 이런저런 집안 행사에 특히 돈이 많이 들 때입니다. 2개월이 지난 지금은 그런 행사들을 거의 다 치른 상태일 것입니다. 그리고 Q3의 의뢰인은 현 시점이 절대 시작이 아니지만, 가계 재무 관리 면에서는 신혼인 Q2의 의뢰인과 크게 다르지 않습니다.

'첫 단추를 잘 꿰라'라는 속담이 있습니다. 처음, 시작 시점에서 가계자금 관리의 틀을 잘 갖춰 두면, 그 다음부터는 물 흐르듯 관리가 잘될 것입니다. 자, 그럼 가계에서 첫 단추란 무엇을 의미할까요? 그리고 Q2와 Q3의 해결책은 무엇일까요?

우선 가계부를 작성하십시오.

아직도 몸짱 열풍이 식을 줄 모릅니다. 체중 감량을 목적으로, 혹은 근육질 몸매를 만들기 위해 헬스클럽을 찾는 사람들이 꾸준히 늘고 있습니다. 헬스클럽에 처음 가면, 먼저 트레이너와 함께 자신의 몸 상태를 파악합니다. 키와 체중은 어떻게 되는지, 체지방량 및 기타 건강 상태는 어떤지 먼저 알아봅니다. 그리고 나서 자신의 몸 상태와 상황에 맞는 프로그램을 시작하게 됩니다.

재테크를 시작할 때에도 마찬가지입니다. 자신의 현 상태를 정확하게 파악하는 과정이 가장 우선시되어야 합니다. 내 가정의 몸 상태, 즉 재무상태를 파악하기 위해 반드시 해야 하는 일이 바로 가계부 작성입니다. 가계의 수입은 얼마인지, 월 평균 지출은 얼마나 되는지, 그리고 매월 저축 및 투자에 활용할 수 있는 자금의 규모는 얼마인지, 그리고 앞으로 얼마 정도 일을 더 할 수 있는지, 현재 가계의 자산은 얼마 정도인지 등을 파악해야 합니다.

가계부를 써야 하는 가장 큰 이유는 매월 어디에 얼마씩 지출하고 있는지, 혹 불필요하게 새나가는 돈이 없는지 파악하고 관리하기 위해서입니다. 매일 매일 들어오고 나가는 돈을 일일이 작성하여 넣기란 쉬운 일이 아닙니다. 하지만 이런 반복적인 행동이야말로 부자가 되는 첫걸음이니 열심히 작성해야 합니다.

"남들은 펀드도 하고 저축도 하고 하는데 저희는 아무것도 안하며 가계부만 쓴다면 너무 뒤처지지 않을까요?" 하고 말할지도 모릅니다. 당연히 그런 생각이 들 수 있습니다. 하지만 한 달 정도 늦게 시작한다고 해서 절대 하늘이 무너지는 손해를 입지는 않습니다. 오히려 꼼꼼한 지출 계획을 수립한 이후에 자산 증식을 실행하는 것이 나중에는 더 큰 이득으로 다가올 수 있습니다. 조급해하지 말고 느긋한 마음으로 꼼꼼히 첫 단추를 잘 꿰어야 하는 이유가 여기에 있습니다.

가계부를 한 달 이상 꼼꼼하게 작성하게 되면, 우리 집 가계의 월평균 지출 현황이 한눈에 파악되는 시점이 반드시 찾아옵니다. 그리고 매주, 매월 꼼꼼하게 지출내역을 진단하다 보면 "아! 이 부분은 쓸모없는 지출이었구나.", "이 부분은 조금 과했구나." 등 불필요하게 새는 부분의 수정이 가능해집니다. 적정선에서 지출을 통제하는 시스템이 가동되면 이를 통하여 매월 저축 및 투자할 수 있는 여력을 파악하는 것도 가능해지게 됩니다.

가계부 작성 원칙

매일 매일 작성하라

가능하다면 매일 지출되는 항목을 꼼꼼하게 빠짐없이 기재하라. 지출한 날이 있다면 그것이 껌 한 통이라 할지라도 빠짐없이 기재해야 한다. 영수증과 고지서는 가계부 지출 내역에 붙여서 관리하는 것이 좋다.

정확히 기록하라

요즘 10원, 100원짜리는 참 쓸모 없는 돈이 된 듯하다. 많은 사람들이 동전이 생기면 책상 서랍이나 필통 등에 그냥 넣어 둔다. 이런 동전들을 한번 모아 보라. 몇 개월만 모은다면 못해도 1만원 이상은 만들 수 있다. 가계부를 작성할 때에는 이런 작은 수입 · 지출도 정확히 기재하라.

지출 후 후회되는 항목은 눈에 잘 띄게 표시하라

가능하면 충동구매는 하지 않는 것이 좋다. 만약 충동구매를 했다면, 그것이 자신의 지출 계획에 얼마나 영향을 끼치는지 확인하는 습관이 필요하다.

정기적으로 점검하라

가능하다면 일주일 단위로 정리하도록 한다. 주말에 한 주 동안 지출한 내역을 정리하고 파악하는 것이 좋다. 그리고 일주일 단위로 정리한 내역을 매월 종합하여 가계부를 관리하라.

정기지출과 비정기지출로 구분하여 관리하라

지출은 소비성지출과 비소비성지출이 있다. 소비성지출은 써서 없어지는 돈이고, 비소비성지출은 적금이나 펀드처럼 당장에는 지출로 잡히지만 가계의 자산으로 남는 돈이다. 각각의 지출은 다시 정기지출과 비정기지출로 구

분된다. 정기지출은 매월 반드시 나가야 하는 돈이고, 비정기지출은 지출이
정기적이지 않은 형태다.

소비성 지출	정기지출	주거생활비	관리비, 전기·수도세, 가스비, 월세, 생필품비 등
		교통·통신비	차량유류비, 대중교통비, 전화요금, 휴대폰요금, 인터넷요금 등
		식비/외식비	주식비, 외식비, 부식비
		용돈	본인 용돈, 배우자 용돈, 부모님 용돈
		육아비	보육료, 육아용품
		교육비	자기계발비, 자녀교육비
		기부	십일조, 헌금 등
	비정기 지출	피복비	의류구입비, 신발구입비, 화장품구입비 등
		의료비	병원비, 의약품비, 의료용품 등
		세금	주민세, 재산세, 자동차세, 자동차보험료 등
		경조사비	생일, 부조금 등
		기타	휴가비, 여행비
비소비성 지출	정기지출	적금	적금
		투자자산	적립식펀드
		대출상환	대출이자, 원리금 등
	비정기 지출	예금	예금 등
		투자자산	거치식펀드, 주식

세금도 계획적으로 지출하라

지출 계획성을 높이는 세금관리 기획력

Q4 30대 초반 주부입니다. 어렵게 오랜 기간 돈을 차곡차곡 모아서 작년에 내 집 마련에 성공했죠. 정말 기분 좋았습니다. 대출을 받은 상황이라 열심히 갚을 계획도 세우고, 다른 여러 가지 계획들을 위해 돈을 모으고 있었죠. 그런데 어느 날 세금 납부 고지서가 날아왔습니다. 재산세를 내라는 고지서였습니다. 금액은 약 10만원. 많은 금액은 아니지만 매월 꼼꼼하게 가계부를 작성하다 기분 나쁘게 작은 구멍이 생겼네요. 세금도 미리 알고 준비해야겠다는 생각이 들었습니다. 납부해야 할 세금에는 어떤 종류가 있고, 그 금액은 어느 정도로 예상하면 될까요?

A 어떤 종류라도 재산을 가지고 있는 상황이라면 반드시 세금은 내야 합니다. 그런데 준비하지 않고 있는 상황에서 갑작스럽게 세금 고지서를 받으면 당황하는 경우가 상당히 많습니다. 일반적으로 소득세나 주민세와 같은 세금은 원천징수, 즉 월 수입이 발생할 때 그 세금을 제하고 수령하게 되므로 미리 준비할 필요는 없습니다. 하지만 주택이나 자동차를 보유하고 있다면 1년에 한 번 혹은 두 번씩 꼭 세금을 내야 합니다. 이런 세금 또한 미리 미리 납부해야 할 시기와

예상 금액을 알고 지출 관리를 한다면, 조금 더 계획적인 재무 관리가 가능합니다. 일반적으로 월급을 받는 근로자의 경우 비정기적으로 준비해야 할 세금은 재산세와 자동차세 정도입니다.

1) 자동차세: 승용차 기준

납부시기: 1년에 두 번 납부 (6월, 12월)
납부세액: 아래 표 참조

구분	2년차 100%	3년차 95%	4년차 90%	5년차 85%	6년차 80%	7년차 75%	8년차 70%	9년차 65%	10년차 60%
800cc	83,000	78,850	74,700	70,500	66,400	62,250	58,100	53,950	49,850
1,000cc	130,000	123,500	117,000	110,500	104,000	97,500	91,000	84,500	78,000
1,300cc	236,600	224,770	212,940	201,110	189,280	177,450	165,620	153,790	141,960
1,500cc	273,000	259,350	245,700	232,050	218,400	204,750	191,100	177,450	163,800
1,800cc	468,000	444,600	421,200	397,800	374,400	351,000	327,600	304,200	280,800
2,000cc	520,000	494,000	468,000	442,000	416,000	390,000	364,000	338,000	312,000
2,200cc	629,000	597,740	566,280	534,820	503,360	471,900	440,440	408,980	377,450
2,500cc	715,000	679,250	643,500	607,750	572,000	536,250	500,500	464,750	429,000
2,800cc	800,800	760,760	720,720	680,680	640,640	600,600	560,560	520,520	480,480
2,900cc	829,400	787,930	746,460	704,990	663,520	622,050	580,580	539,110	497,640

예를 들어 세금을 계산해 보면, 비영업용+2,000cc+2005년식 자동차일 때 총 세금은 46만8,000원이고, 6월에 23만4,000원, 12월에 23만4,000원을 납입하게 됩니다. 자동차 세금도 무시하기에는 꽤 큰 금액이므로 이런 부분도 미리 미리 계산하여 준비해 두는 것이 좋습니다. 자동차를 보유하고 있다면, 세금은 아니지만 자동차보험 또한 준비하지 않으면 안 됩니다. 갑자기 보험료를 낼 시기가 다가오면 가

계부 관리에 구멍이 생길 수도 있습니다. 가계부를 관리할 때 자동차 보험료 납부시기를 반드시 명시하여 미리미리 준비하는 지혜가 필요합니다. 갑작스럽게 납부시기가 다가온 자동차보험료를 내기 위해 많은 사람들이 신용카드 할부를 이용하는데, 보통 3개월까지는 무이자 할부가 가능합니다. 하지만 이자를 내야 하는 할부는 피하는 것이 좋습니다. 예를 들어 10개월 할부로 계산을 한다면 15% 이상되는 할부이자율로 인하여 가계부 관리에 구멍이 생길 수 있습니다. 비교적 높은 예·적금의 이자율이 6.8% 수준이라는 것을 감안할 때 15% 이상의 할부이자를 지출한다는 것은 바람직하지 않습니다.

2) 재산세: 주거용 주택 기준

납부시기: 매년 7월, 9월에 분할 납부
세금의 종류: 재산세, 공동시설세, 도시계획세, 지방교육세
　　　　　　이 네 가지 세금을 합하여 보통 재산세라고 합니다.

그럼, 예를 들어 세금을 계산해 봅시다. 과세표준 금액(전년도 주택가격의 50%)이 5,000만원 정도 되는 주택을 소유하고 있다면 총 재산세는 약 23만원 정도 됩니다. 이 금액을 7월에 약 11만5,000원, 9월에 11만5,000원으로 두 번에 나누어 납부하게 됩니다. 납부시기가 되면 구청에서 자동으로 세금 고지서가 발급되므로, 그것을 보고 납부하면 됩니다. 하지만 금액과 납부시기를 미리 알고 있어야 준비가 가능합니다.

재산세

과세 표준	세율
4,000만원 이하	0.15%
4,000만원~1억원 이하	6만원+4,000만원 초과금액의 0.3%
1억원 초과	24만원+1억원 초과금액의 0.5%

*세부담 상한적용
1) 2005 세부담 상한: 전년대비 50%
2) 2006 세부담 상한 인하
- 공시가격 3억원 이하: 전년대비 5%
- 공시가격 3억원 초과 6억원 이하: 전년대비 10%
- 공시가격 6억원 초과: 전년대비 50%

공동시설세

과세표준	세율	과세표준	세율
600만원 이하	0.05%	3,900만원 이하	0.09%
1,300만원 이하	0.06%	6,400만원 이하	0.11%
2,600만원 이하	0.07%	6,400만원 초과	0.13%

도시계획세: 과세표준액의 0.15%(과세표준액은 재산세 과세표준임)

지방교육세: 재산세액의 20%

비정기적인 세금과 자동차보험료는
미리 준비하라

예를 들어 2006년식 2,000cc 자동차 한 대와 현 시세 2억5,000만원정도
의 아파트를 소유하고 있는 사람이 연간 납부해야 할 세금과 자동차보험료는
얼마나 될까? 자동차세 494,000원, 자동차보험료 약 60만원, 아파트 재산세
약 24만원(과세표준은 1억원 기준) 정도 된다. 연간 납부해야 할 세금과 자동차보
험료의 총액은 약 133만원 정도다. 물론 133만원이란 자금이 한 시기에 집중
되는 것은 아니지만, 1년간 내는 총액으로 계산을 한다면 분명 부담이 되는
금액이다. 그렇기 때문에 미리 미리 준비하여 갑작스럽게 가계부에 오는 타
격을 줄이는 지혜가 필요하다.

위 비정기적인 지출을 위해 매월 10만원씩 적금 혹은 CMA와 같은 금융상
품에 적립을 한다면 큰 무리 없이 준비가 가능하다. 납부시기에 닥쳐 급박하
게 신용카드로 결제하지 말고 미리 준비하라.

카드 할부는 재무설계의 가장 큰 적이다

재무관리의 블랙홀, 신용카드 관리법

Q5 20대 후반의 직장인 여성입니다. 직장생활을 시작한 지 이제 1년쯤 되었는데 친구들을 만나 이런저런 얘기를 하다 보면 돈 얘기가 꼭 나옵니다. 친구들은 1,000만원을 모았네, 하며 자랑 아닌 자랑을 늘어놓는데, 저는 무일푼이네요. 제가 벌어들인 돈은 다 어디로 갔을까 하여 카드 명세서를 비롯해 각종 지출 내역을 뒤져봤는데 하마터면 까무러칠 뻔했습니다. 카드 한도가 200만원인데, 벌써 180만원이나 차 있는 것이었어요. 피부과 치료, 핸드폰 기기 할부 잔액, 컴퓨터 구입 할부 잔액, 옷, 가방, 신발 할부 잔액 등으로요. 카드로 할부 구매할 때에는 '매달 2만원만 내면 되는데 뭘……' 하고 아무렇지 않게 생각했는데, 이런 자세가 제 통장을 깡통으로 만든 것 같아요. 게다가 할부 이자가 무려 19%네요. 정말 우울합니다.

A 통계청 집계에 따르면, 2007년 말 신용불량자 수가 300만 명에 이른다고 합니다. 그렇게 엄청난 수의 사람들이 신용불량 상태에 있다는 사실에 놀라지 않을 수 없습니다. 이처럼 많은 신용불량자를 양산한 장본인은 누구일까요? 물론 신용 관리를 못한 사람들의 탓이 가장 크겠지만, 무분별한 신용카드 사용 역시 큰 몫을 차지할 것

입니다. 신용카드를 일컬어 일명 '지갑 속에 숨어 사는 못된 잡귀'라고 부르는 것도 다 그만한 이유가 있습니다. 안 해도 되는 소비를 부추겨 사람들을 곤경에 빠뜨리는 못된 요괴와도 같기 때문입니다.

만약 10만원짜리 물건을 현금으로 구매한다면, 사람들은 지갑에서 만 원짜리 혹은 천 원짜리까지 모두 꺼내 세어 볼 것입니다. 한 번 세어 보았다가 혹시 한 장이 겹치거나 혹은 구겨져서 잘못 세지는 않았는지 다시 한 번 점검하는 과정을 꼭 거칩니다. 반면에 신용카드로 물건을 구매하면 지갑에서 카드 한 장 슬쩍 꺼내어 판매자에게 건네는 과정 하나만으로 구매가 간단하게 끝나 버립니다. 그리고 카드 전표를 받아 들며 이렇게 생각할 것입니다. '12개월 할부니까 9,000원씩만 내면 되지 뭐.' 혹은 '어차피 돈은 다음 달부터 빠져나갈 거니까 다음 달에 조금 아껴 쓰면 되지 뭐.' 그리고는 전표를 구겨서 쓰레기통에 던져 버리고 또 살 것 없나, 다시 매장을 둘러보기 시작하죠. 재무설계에 관심 있는 사람에게 신용카드는 가장 큰 적입니다. 물론 잘 사용하면 상당히 효율적인 결제 수단이기도 합니다.

손쉽게 결제되는 신용카드로 인하여 지출의 통제가 어려워지고, 이런 상황이 반복되면 정기적인 저축과 투자를 지속하기 위한 지구력이 저하될 수밖에 없습니다. 이처럼 미래에 대한 준비와 소중한 가치를 아주 쉬운 동작 하나로 무너지게 만드는 것이 바로 잘못된 신용카드 활용 습관입니다. 이에 할부 구매까지 더해진다면, 파산이 결코 남의 이야기만은 되지 않을 것입니다.

예를 들어, 50만원 하는 최신형 핸드폰을 12개월 할부로 구입했다고 가정해 봅시다. 이때 할부 수수료율은 17%입니다.

회차	할부원금	할부수수료	계	할부잔액
1	41,667원	7,083원	48,750원	458,333원
2	41,667원	6,493원	48,160원	416,667원
3	41,667원	5,903원	47,570원	375,000원
4	41,667원	5,313원	46,980원	333,333원
5	41,667원	4,722원	46,389원	291,667원
6	41,667원	4,132원	45,799원	250,000원
7	41,667원	3,542원	45,209원	208,333원
8	41,667원	2,951원	44,618원	166,667원
9	41,667원	2,361원	44,028원	125,000원
10	41,667원	1,771원	43,438원	83,333원
11	41,667원	1,181원	42,848원	41,667원
12	41,667원	590원	42,257원	
합계	500,000원	46,042원	546,046원	

위 표는 신용카드를 이용해 12개월 할부로 물품을 구매했을 때 매월의 할부 현황 자료입니다. 50만원짜리 핸드폰을 구매하면 매월 약 48,000원 가량의 할부금을 내야 합니다. 당장에는 그다지 큰 부담을 갖지 않을 것입니다. 그런데 50만원짜리 핸드폰을 구매했는데 실제로는 12개월 할부를 끝내는 시기의 총 결제 금액이 546,046원이 됩니다. 즉 실제 핸드폰 가격은 할부로 구매할 당시의 50만원이 아닌 546,046원이 되는 것입니다. 할부 수수료율은 무려 17%에 달합니다. 시중의 예금이나 적금 중 가장 높은 금리를 가진 상품을 아무리 뒤져봐도 7%가 넘는 이자를 가진 상품은 어디에도 없습니다. 그런데 무려 17%라니!

혹시 당신도 이렇게 높은 할부 수수료를 내면서 목돈을 마련하겠다고 ○○상호저축은행의 고금리 6.8% 1년 만기 적금을 붓고 있지는 않은가요? 또는 "월급통장이나 예비자금 통장 혹은 목돈을 두기에는 CMA가 최고라던데……" 하면서 정작 물품 구매 원금 혹은 그에 준하는 금액을 방치하고 있지는 않습니까? 만약 이 같은 상황에 처해 있다면 서둘러 '선결제'를 선택해야 합니다. 그리고 단돈 1만 원이라도 매월 투자할 수 있는 여력을 높여서 적금이나 예금을 새로이 책정하길 바랍니다.

체크카드를 통한 소비습관을 길러라

　체크카드는 신용카드 가맹점이라면 어디에서든 내 통장 안에 남아 있는 잔
액 범위 안에서 자유롭게 이용할 수 있는 카드다. 하지만 신용카드처럼 외상
으로 구매를 하는 것이 아니다. 통장에 잔고가 없으면 전혀 거래를 할 수 없
는, 절제력이 있는 카드다. 체크카드는 규칙적이고 정해진 소비 규모를 정해
놓고 사용할 수밖에 없으므로 충동구매나 과소비를 미연에 방지할 수 있다.
인터넷을 통해 매주 혹은 매월 일괄적으로 지출 내용을 확인할 수도 있으므
로 가계부 작성에 큰 도움이 된다. 가급적이면 당장의 눈 먼 돈을 사용하는 느
낌을 갖도록 해서 소비를 부추기는 신용카드보다는 체크카드를 활용하여 재
무권리와 재무설계에 득이 되도록 하는 깃이 좋다.

먼저 저축하고 남은 돈으로 소비하라

불황을 이기는 소비 습관

Q6 안녕하세요. 결혼한 지 5개월 된 신혼부부입니다. 결혼 초에 이런저런 경조사, 잦은 외식, 쇼핑 때문에 재테크에 신경을 못 쓰고 살았습니다. 그러다 보니 5개월이란 시간이 지났는데 아직도 저축은 커녕 자산을 불리기 위한 어떠한 노력도 시작하지 못하고 있습니다. 맞벌이 부부이기 때문에 밖에서 보내는 시간이 많아 가계부를 작성할 시간도 빠듯하지만, 그래도 가계부는 꼬박꼬박 작성하고 있습니다. 그런데 문제는, 저희 부부의 매월 수입이 적은 편이 아닌데 월급 받기 일주일 전만 되면 남는 돈이 없다는 것입니다. 어떤 달은 마이너스인 달도 있습니다. 어디부터 어떻게 해결해야 할까요?

A 신혼 초라 이런저런 불규칙적인 지출이 많은 것이 당연합니다. 하지만 일정 시간이 지나면 그런 불규칙한 소비지출을 통제하고 관리해야 합니다. 신혼 초 지출의 특징은, 크고 작은 규모로 불규칙한 지출이 계속 발생한다는 것입니다. 현 시점에서 가장 필요한 것은 '선저축 후소비'의 습관을 들이는 것입니다. 매월 고정적으로 지출되는 부분과 불규칙적으로 지출되는 부분을 구분해야 합니다. 불규칙적인 지출에 대해서도 매월 필요한 지출과 불필요한 지출로 나

누어야 합니다. 이런 지출 규모의 정확한 파악을 통해 정확한 저축의 규모를 산정한 후, 우선 저축과 투자를 실행해야 합니다. 그리고 난 후 지출을 해야 합니다. 쇼핑을 할 때에도 효율적인 가계 관리의 원칙이 있습니다.

첫째, 쇼핑 계획을 꼼꼼하게 세워야 합니다.

동네 가게에서 담배나 군것질거리 등 그때그때 필요한 물품을 사는 경우를 제외하고, 대부분의 쇼핑은 일정한 주기를 두고 하게 됩니다. 일주일에 한 번 정도 그 다음 주를 살아가기 위해 필요한 부식이나 용품들을 구매하게 되는데 이를 대비해 구매할 물품이 생각날 때마다 쇼핑 메모지에 기록해 두는 것이 좋습니다. 그리고 메모지에 작성된 내역에 대하여 비용을 미리 산출한 다음 "아, 이번에 갈 때는 대략 이 정도 비용이면 되겠구나."라는 기준점을 세우고 쇼핑에 나서야 합니다. 한 달 동안의 부식비 등 생활비 지출에 대한 기준점과 한도가 세워져 있다면 일주일 단위의 쇼핑에도 한도가 정해지게 됩니다. 이런 방법을 통해 쇼핑하는 중간 중간 충동적으로 일어나는 추가지출의 지름신 강령을 막을 수 있습니다.

둘째, 월평균 지출을 통제해야 합니다.

일주일치의 장을 보기 위해 마트에 간다고 가정해 봅시다. 우유를 사기 위해 유제품이 가득한 냉장고 앞에 섭니다. 다양한 회사의 제품들이 진열되어 있습니다. 어떤 우유는 하나에 2,000원, 다른 우유는 작은 우유 하나가 더 붙어서 2,100원입니다. '음, 저건 작은 것 하나가 더 붙었는데 2,100원밖에 안 하네. 그래 저걸 사야지.' 잠시 생각하며, 두 개의 우유를 장바구니 안에 넣습니다. 사실 우리 집에서 일주일 동안 소비되는 우유는 분명 큰 팩 두 개면 충분합니다. 그런데 단지 작은 우유 하나가 더 붙어 있다고 해서 2,100원짜리를 구매했습니다. 일주일 후, 냉장고 안에서 유통기한이 지난 우유를 발견하게 됩니다. 과연 경제적이고 효율적인 소비를 한 것일까요?

이번에는 세제 코너에 갑니다. 이런저런 종류의 세제를 둘러보다가 원 플러스 원 상품을 발견하고는 '와, 세제 하나에 하나를 더 묶어서 2만원에 파네. 한 개에 1만5,000원이니까, 싸다!' 생각하고는 묶음으로 된 2만원짜리 세제를 구매합니다. 얼마의 이득을 본 것일까요? 3만원으로 사야 할 것을 2만원에 샀으니 1만원 이득을 본 셈일 것입니다.

이런 방식으로 장을 보고 우유는 얼마, 세제는 얼마 등으로 가계부에 지출 내역을 기재합니다. 이런 지출내역이 일주일이 모이고 한 달이 모여 월 소비 지출 내역이 정리됩니다. '이번 달 생활비 및 식비 지출은 총 60만원이구나.' 이런 형태로 지출 내역은 매달 평균화되어 정해지게 됩니다. 그런데 구매했던 세제는 한 달이 아닌 두 달 동안 쓸 수 있는 양이지만 그 다음 달 가계부 예산을 구성할 때 생활비 및 식비의 지출은 동일하게 60만원이 됩니다. 분명 평균 사용량보다 조금 많게 구매했기 때문에 그 다음 달에는 그만큼 지출계획이 줄어든 가계부가 꾸려져야 합니다. 하지만 그렇지 못합니다. 한 번 상승한 상태로 정해진 지출의 양은 그 이하로 내려가기가 쉽지 않습니다. 따라서 '1+1'의 유혹에서 벗어나야 월평균 지출을 줄일 수 있습니다.

셋째, 대형마트에 갈 때에는 이웃과 함께 가야 합니다.

대형 할인매장에서 쇼핑을 하다 보면 혼자 쇼핑을 온 사람보다는 의외로 동네 이웃이나 친구들끼리 모여서 쇼핑을 하는 경우를 자주 볼 수 있습니다. 대형 할인매장의 물품을 보면 내용물의 규모가 크거나, 물품을 묶음으로 전시하여 파는 경우가 대부분입니다. 이렇게 부피가 크거나 가격이 높은 재료를 혼자 구입하는 것은 부담스러울 수도 있습니다. 분명 일반 소매점에서 하나씩 낱개로 파는 것을 대형 할인매장에서 판매하는 규모만큼 합한 금액보다, 대형 할인매장에서 판매하는 큰 물품이 훨씬 저렴할 것입니다. 따라서 친한 이웃과 공동으로 구입을 하여 필요한 양만큼 나눈다면 상당히 저렴한 가격으로 원하는 양의 물품을 구매할 수 있습니다.

넷째, 홈쇼핑 및 인터넷 쇼핑을 멀리해야 합니다.

요즘 케이블방송을 보면 수십 개의 채널 중 상당수가 홈쇼핑으로 채워져 있습니다. TV 채널 하나 건너 하나가 홈쇼핑 채널일 정도입니다. 그러다 보니 안 보고 싶어도 볼 수밖에 없는 경우가 많이 생깁니다. 홈쇼핑 채널을 자주 시청하다 보면 자기도 모르게 물건을 구매하고 싶은 충동이 생깁니다. 집에 컴퓨터가 있는데도 왠지 더 저렴한 것처럼 보이는 새 컴퓨터로 교체하고 싶다거나, 마침 여름 이불이 낡았으니 싸고 저렴한 이불을 사고 싶은 충동이 생긴다거나, 오늘따라 왠지 간장게장이 먹고 싶어진다거나 하는 등 충동적인 구매 지름신이 발동하게 됩니다. 하지만 이러한 충동구매로 구입한 물건을 받게 되면 만족보다는 후회를 하는 경우가 더 많습니다. '사지 말걸…….' 홈쇼핑이나 인터넷 쇼핑은 당신의 자산 관리에 있어서 무시 못 할 큰 적이 될 수 있습니다. 가능한 한 멀리하는 것이 가계에 이롭습니다.

다섯째, 가계부를 작성할 때 한 귀퉁이에 식단을 작성해야 합니다.

한 주 정도의 식단이라면 그리 어렵지 않게 계획을 세울 수 있습니다. 식단을 작성하면 마트에서 식료품 장보기 목록이 쉽게 완성됩니다. 목록 작성의 중심은 식단의 주요리입니다. 대부분은 국거리가 주요리를 이룹니다. 국거리를 위한 재료를 계획한 후 남는 재료는 그 다음 날의 반찬으로 활용할 수도 있습니다. 그러면 남는 재료가 줄어들어 음식물 쓰레기도 줄이고, 냉장고 안에서 썩어 나가는 음식물의 양도 줄일 수 있습니다. 이렇게 미리 미리 작성된 식단의 힘은 한 달 동안의 식비 지출 규모에도 상당한 영향을 끼치게 됩니다. 그리고 대부분 마트는 저녁식사 전에 가게 되는데, 한 주 동안의 식단을 미리 작성한 후 마트 마감시간 한 시간 전에 간다면 채소, 과일, 즉석식품, 생선과 고기 등을 최고 50%까지도 할인을 받고 구입할 수 있습니다.

여섯째, 마트에 15분 이상 머물러 있는 습관을 버려야 합니다.

마트에 쇼핑을 하러 가서 기웃기웃하다 보면 물건을 사고 싶은 욕심이 점점 커집니다. '그래 저거, 화장실에 두면 좋겠네.', '아, 이건 침실 책상에 두면 잘 어울리겠네.' 견물생심이라고, 이러한 마음이 한 번 들기 시작하면 당신의 지갑을 20분 안에 빈 지갑으로 만들 수도 있습니다. 꼭 필요한 만큼만 미리 계획된 목록에 한하여 쇼핑을 하는 습관을 들이도록 해야 합니다.

부수적인 비정기지출 관리법

경조사비 지출

경조사비 지출은 매월 일정액이 고정적으로 발생하지는 않는다. 이번 달은 경조사가 많아 지출이 많지만 그 다음 달은 그렇지 않을 수도 있다. 월 경조사비 지출은 많은 달 기준으로 하지 말고, 적은 달 기준으로 책정하라. 그리고 경조사가 많은 달에는 예비자금에서 융통하는 방법으로 경조사비 지출을 통제하라.

의류, 신발, 화장품 등의 지출

이런 지출 또한 매달 일정액이 지출되지는 않는다. 대부분의 사람들이 신발을 매달 사지는 않기 때문이다. 많은 금액이 지출되는 달이 있고, 저게 지출되는 달이 있다. 경조사비와 마찬가지로 적은 달 기준으로 지출을 책정하라. 그리고 추가적인 지출은 예비자금에서 융통하라.

외식비 지출

가족 단위의 외식은 정기적으로 하라. "오늘은 밥하기 귀찮으니 외식하자."며 외식비를 지출하는 것보다 날짜를 정해 놓고 외식을 하는 것이 좋다. 예를 들면, 매주 금요일 저녁 혹은 매주 토요일 저녁은 가족 외식의 날로 정해 놓고 외식을 하자. 생각날 때 혹은 필요할 때마다 갑작스레 외식을 하는 것보다 정해진 날짜에 정해진 금액 내에서 외식을 하는 것이 외식비 지출 금액을 관리하고 절약할 수 있는 방법이다. 갑작스레 발생하는 외식은 예비자금 부분에서 융통하는 것이 좋다.

내 돈이 어디에 어떤 상태로 있는지 명확히 파악하라

보유 자산의 정확한 가치 산정법

Q7 직장 생활 2년차 되는 27세 여성입니다. 수입은 월 175만원이고, 지출은 생활비 40만원, 휴대폰 요금 5만원, 관리비 10만원, 부모님 용돈 10만원, 학원비 10만원, 보험료 10만원, 연금 10만원, 장기주택마련저축 50만원, 청약저축 10만원, 적립식펀드 10만원씩 두 개 하고 있습니다. 현재 1,000만원 정도 예금이 있습니다. 장기주택마련저축은 소득공제도 되고 비과세도 된다고 주변에서 추천하여 2007년 1월에 가입했습니다. 현재 그 통장에 있는 잔액은 800만원 정도 됩니다. 내후년 즈음에 결혼을 생각하고 있는데, 현재 제가 잘 하고 있는지 궁금합니다.

A 재무설계를 잘 하고 있다, 못하고 있다는 것에 대한 판단 기준은 여러 가지가 있을 수 있습니다. 이 중 가장 현실적이고 중요한 기준은 '자금이 필요한 시기에 원하는 만큼의 자금을 잘 확보할 수 있는가' 라고 생각합니다. 가계부를 작성하고 재테크를 하는 가장 중요한 이유가 바로 여기에 있기 때문이죠.

미래의 계획을 정확하게 수립하고 그 목적을 달성하기 위해서는 가계부를 꼼꼼하게 작성하는 것과 더불어 자신의 상황에 적합한 금

수익률	금융상품	현재	1년 후	2년 후
5.0%	장기주택마련저축 현잔액	800	840	882
6.0%	예금(저축은행)	1,000	1,060	1,124
8.0%	적립식펀드	20	249	519
5.0%	장기주택마련저축 투자액	50	614	1,259
	합산	1,870	2,763	3,784

융상품을 잘 활용해야 합니다.

여성이 지출해야 하는 결혼 자금의 규모는 보통 3,000만원 수준입니다. 위 상황에서 문제가 발생할 수 있는 부분은 무엇일까요?

위의 표는 현재 예금자산과 장기주택마련저축의 잔액, 그리고 앞으로 2년간 같은 금융상품에 투자를 지속했을 때 자산의 예상 흐름도입니다. 위의 표만 본다면 결혼을 위해 필요한 자금인 3,000만원을 2년 안에 마련하는 데 큰 문제는 없어 보입니다. 그런데 정말 결혼자금 마련에 아무런 지장이 없을까요?

문제는 '결혼'이라는 계획에 따른 투자기간과 현재 활용 중인 금융상품의 필요 투자기간(만기)이 맞지 않는다는 것입니다. 장기주택마련저축이란 상품은 무주택 세대주인 사람들에게 비과세라는 혜택과 더불어 연말 소득공제의 혜택까지 부여한 굉장히 좋은 상품인 것은 분명합니다. 하지만 이 상품이 가진 단점은 만기가 7년 이상이라는 점입니다. 이 상품을 통해 손해 없이 목돈을 만들고 찾기 위해서는 7년이라는 긴 시간을 참고 기다려야 합니다. 그래야 비과세와 소득공제라는 두 마리 토끼를 동시에 잡을 수 있습니다.

그런데 결혼하는 시점은 앞으로 2년 후이고, 장기주택마련저축이라는 상품의 만기는 앞으로 약 6년 후입니다. 만약 이대로 같은 금융상품을 유지한다면 2년 후 결혼할 때 장기주택마련저축 상품을 담보로 대출을 받거나, 혹은 그동안 받았던 소득공제액과 해지가산세를 토해내며 장기주택마련저축을 해약해야 결혼에 필요한 자금을 확보할 수 있게 됩니다.

해결책은 무엇일까요? 장기주택마련저축의 월 투자액을 줄여서, 줄인 만큼의 금액을 다른 곳으로 전환 투자해야 합니다. 3,000만원이란 필요자금을 충분히 달성하기 위해서는 장기주택마련저축의 투자액 50만원 전액을 적금 및 적립식 펀드에 분산하여 현시점부터 투자를 재시작하시는 것이 바람직합니다.

(단위: 만원)

수익률	금융상품	현재	1년 후	2년 후
6.0%	예금(저축은행)	1,000	1,060	1,124
8.0%	적립식펀드	20	249	519
6.0%	적금 및 적립식펀드	50	617	1,272
	합산	1,070	1,926	2,916

Q7 의뢰인의 상황과 같이 본인의 계획과 그에 맞는 금융상품을 선별하여 활용하는 데 있어서 실수를 범하는 사람들이 의외로 많습니다.

예를 들면, "어제 전화를 받았는데요. ○○회원들에게만 특별히 혜택을 부여하는 상품이래요. 이번 달까지 한시적으로 VIP고객들에게만 6%의 복리이자율과 비과세 혜택을 동시에 준다는데, 상품은 △△회사 비과세유니버셜보험……"이라며 금융상품에 덜컥 가입한 후에 이렇게 문의를 합니다. "2년 정도 후에 집장만 계획이 있는데 소개받은 상품이 정말 좋아보여서 가입했어요. 괜찮은 건가요?"

과연 Q7 의뢰인에게 이 상품이 적합한 것일까요?

상품 가입을 결정할 때 간과한 부분이 있습니다. 비과세 혜택을 받기 위해서는 10년 이상 이 투자를 유지해야 합니다. 짧은 기간 투자한 뒤 해지할 때에는 원금손실의 위험이 있습니다. 이러한 조건은 Q7 의뢰인에게 치명적인 단점이 됩니다.

소개받은 상품이 정말 좋아보여서 가입했어요. 괜찮은 건가요?"

과연 Q7 의뢰인에게 이 상품이 적합한 것일까요?

상품 가입을 결정할 때 간과한 부분이 있습니다. 비과세 혜택을 받기 위해서는 10년 이상 이 투자를 유지해야 합니다. 짧은 기간 투자한 뒤 해지할 때에는 원금손실의 위험이 있습니다. 이러한 조건은 Q7 의뢰인에게 치명적인 단점이 됩니다.

내 돈의 위치를 파악하라

부동산

아파트에 거주하고 있다면 현재 소유한 아파트 시세가 어떻게 되는지 부동산에 가서 직접 알아보라. 그리고 아파트를 구입할 때 받은 대출이 있다면 현재 이자율은 어떻게 되는지, 매월 대출원금은 얼마나 갚고 있고, 대출이자는 얼마인지, 현재 남은 대출원금은 얼마나 되며, 남아 있는 대출상환 기간은 어떻게 되는지 파악하라.

시세를 파악해야 하는 이유는 아파트값 변동률을 통해 그 지역의 부동산 시장 상황을 판단할 수 있고, 타 지역과의 비교를 통해 향후 아파트 시장을 전망하는 데에도 도움을 얻을 수 있기 때문이다. 또한 향후 주택의 이전 및 확장 계획을 세우는 데 큰 밑거름이 될 수 있다.

예금과 적금

현재 정확히 얼마의 현금이 있는지 파악하라. 예금과 적금의 가입 시기는 언제이고, 만기는 언제인지, 그리고 현재 통장의 잔액은 얼마인지 정확히 파악하라.

자금이 필요한 시기와 금융상품의 만기가 다를 경우, 현금의 유동성이라는 부분에서 낭패를 보는 경우가 많다. 금융상품 가입시 책정한 만기와 목적한 계획의 투자기간을 잘 맞추었다고 하더라도 생각했던 목표가 중도에 바뀌는 경우도 발생한다. 즉, 3년으로 생각했던 계획이 2년으로 앞당겨질 수 있거나, 혹은 5년 후로 미뤄질 수도 있다. 그런 계획 수정에 대하여 금융상품의 변경 전략을 세워야 하므로 예·적금의 상황을 주기적으로 체크해야 한다.

적립식펀드를 포함한 투자상품

이 상품을 언제 가입했고, 만기는 언제로 책정했는지, 현재 평가금액은 정확히 얼마인지, 내 투자상품들이 어디에 어떤 형태로 투자되고 있으며, 그 투자처의 현재 상황은 어떤지를 정확히 파악하라.

펀드

투자기간이 짧지 않기 때문에, 단기적인 경제상황의 변화나 수익률 변동에 민감하게 반응하지 않아도 된다. 즉, 현재의 수익률을 포함한 금융상품의 상황에 크게 고민하지 않아도 무리가 없다. 하지만 주기적인 현황 체크를 통하여 더 적합한 다른 펀드로의 전환이 필요할지, 혹은 목적한 계획에 근접한 시기라면 환매할 시기를 보는 전략이 필요하다.

노후대비 금융상품

위와 마찬가지로 가입 시기, 납입 기간과 남아 있는 납입 기간, 현 평가 잔액, 이자율 및 수익률 현황, 연금 수령 시기 등을 명확히 파악하라.

수입 및 지출 파악 후 재무 현황을 기록하라

보유자산의 위치 추적

Q8 결혼한 지 1년 된 맞벌이 신혼부부입니다. 결혼 직후 쉬다가 일을 하게 되어 맞벌이를 하고 있습니다. 저희의 수입과 지출 내역을 정리해 보았습니다.

> **수입:** 남편 월급 220만원, 본인 월급 180만원
>
> **지출:** 생활비 60만원, 통신비 15만원, 교통비 15만원, 자동차할부 28만원, 관리비 15만원, 부부 용돈 각자 20만원, 경조사비 10만원, 부부 의료실비보험 10만원, 남편종신보험 10만원
>
> **전세보증금:** 1억원, 대출 3,000만원, 상환액 매달 60만원
>
> **저축:** 저축은행 적금 50만원, 청약상품 10만원, 장마저축 20만원, 적립식펀드 20만원, 월급통장예금 200만원, 저축은행 예금 1,500만원

집도 사야 하고, 대출도 갚아야 하고, 출산 계획도 있습니다. 현재 잘 하고 있는 것인지, 문제가 있는 부분은 없는지 알고 싶습니다.

A Q8 의뢰인은 앞으로 달성해나가야 할 목표들이 정말 많습니다. 이런 목표를 실현하기 위해서는 꾸준하고 꼼꼼하게 가계부를 쓰

는 것은 물론, 금융상품을 잘 관리해야 합니다. 이런 과정에서 가장 먼저 해야 할 일은 현재 Q8 의뢰인의 재무 상황이 어떤지 정확하게 파악하는 것입니다. 자신의 자산이 어디에 어떻게 어떤 형태로 분포되어 있는지 알아야 다음 계획을 수립할 수 있습니다.

Q8 의뢰인의 재무 현황은 다음과 같습니다.

1) 월평균 가계 지출 현황

소득		금액	소계
소득			4,000,000원
지출		**금액**	**3,630,000원**
비소비성 지출			**1,600,000원**
	정기저축 및 투자	1,000,000원	적금, 적립식펀드, 장기주택마련저축·펀드 등
	연금 및 장기 자금		연금보험, 변액연금보험, 변액유니버설적립보험, 연금펀드
	대출상환	600,000원	주택담보대출 등
소비성 지출			**2,030,000원**
비정기 소비지출	피복비		의류구입비, 신발구입비, 화장품구입비 등
	의료비		병원비, 의약품비, 의료용품비 등
	세금		주민세, 재산세, 자동차세, 자동차보험료 등
	경조사비	100,000원	생일, 부조금 등
	기타	280,000원	자동차할부, 기타 할부금 등
정기 소비지출	주거생활비	150,000원	관리비, 전기·수도세, 가스비, 생필품 등
	교통·통신비	300,000원	차량유류비, 대중교통비, 전화·휴대폰 요금, 인터넷 요금 등
	교육 및 육아비		자기계발비, 자녀교육비, 보육료 등
	기부		종교기부금(십일조), 기타 등
	용돈	400,000원	본인 용돈, 배우자 용돈, 부모님 용돈 등
	생활비	600,000원	주식비, 부식비, 정기적 외식비 등
	보장성보험	200,000원	종신보험, 건강보험, 실비보험, 운전자보험 등
잉여자금			**370,000원**

2) 부동산 자산 현황

자산	시가	명의	부채	현 잔액	대출이자	이자율	대출기간
부동산		100,000,000원	담보대출				30,000,000원
주거용 부동산		100,000,000원	부동산 담보				
아파트	1억원	부인	예적금 담보				
			보험약관대출				
투자용 부동산			전세 보증금	30,000,000원	600,000원	7.5%	5년
			가족대출				
			신용대출				
사업용 부동산			마이너스통장				
			전문직신용대출				
자산계		100,000,000원	부채계				30,000,000원
순자산							70,000,000원

3) 나의 현금 자산 현황 체크하기

직접 다음의 표들을 채워 넣고, 자신의 재무 현황을 꼼꼼하게 파악해 보기 바랍니다.

현금자산의 세부적인 현황을 자세히 파악하여 정확하게 인지하고

예금 및 펀드 현황

	상품명	금융기관	현재 잔액		금리	가입목적	가입연월	만기연월
	예금			원				
1	월급통장			원				
2	예금	상호저축은행		원				
	거치형펀드			원				
3				원				
4				원				
	합계			원				

적금 및 적립식펀드 현황

상품명	금융기관	월불입액	현재 잔액	금리	가입목적	가입연월	만기연월
정기적금/계		원	원	%			
1 적금	상호저축은행	원	원	%			
2 청약상품	은행	원	원	%			
3 장마저축	은행	원	원	%			
적립식펀드		원	원	%			
4 적립식 펀드	증권회사	원	원	%			
5		원	원	%			
6		원	원	%			
합계		원	원				

연금 자산 현황

상품명	금융기관	월불입액	현재잔액	대상자	가입연월	납입기간	연금개시
채권형 연금자산		원	원				
1		원	원				
2		원	원				
주식형 연금자산		원	원				
3		원	원				
4		원	원				
합계		원	원				

있는 것도 상당히 중요한 부분입니다. 적금을 언제부터 시작했고, 현재 얼마 정도 있으며, 만기까지 어느 정도의 기간이 남아 있는지 알고 있어야 합니다. 적립식펀드 또한 시작 시점과 만기, 그리고 현재의 평가금액을 파악하고 있어야 합니다. 청약상품은 1순위를 획득하기 위해 얼마 정도의 시간이 필요한지 등 현 자산을 정확하게 파악하는 과정이 재무설계의 첫 번째 단계입니다.

재무상담을 진행할 때, 즉, 1차 상담시 가장 처음 하는 내용이 위의 부분입니다. 현재 당신의 재무 상황이 정확히 어떤 상황인지, 순자산의 규모는 어떠한지 파악하는 단계가 반드시 필요합니다. 이 단계를 꼼꼼하게 살펴보기 위해서는 가지고 있는 적금, 적립식펀드와 같은 금융상품의 통장들을 정리하는 시간을 가져야 하고, 언제 가입했는지, 언제 만기인지, 부동산의 현 시세는 얼마인지, 대출금을 갚고 있었는데 현재 남은 대출원금은 얼마나 되며, 현재의 대출이자는 얼마인지 등을 정확하게 따져보아야 합니다. 조금은 복잡하고 짜증이 날 수도 있겠지만 꼭 거쳐야 하는 과정입니다.

재무 상담을 받는 이유

　아래의 글들은 재무 상담을 받은 의뢰인들이 한 이야기를 옮겨 놓은 것이
다. 이미 재무 상담을 경험한 이들의 육성을 통해 재무 상담의 필요성을 다시
한 번 느껴 보기 바란다.

　"상담 신청하면서 창피하지만 우리 가정의 지출 내역을 처음 뽑아보았습
니다. 저의 경우는 이 과정만으로도 상당한 도움을 얻었습니다."

　"재무 상담을 신청하니 숙제를 내 주더라고요. 뭐가 이리도 작성하고 기재
해야할 것이 많은지……. 이틀 걸려서 꼼꼼히 작성했죠. 할 때는 힘들고 짜증
도 났지만, 하고 보니 내 돈이 한눈에 들어오더군요. 그중 사방에 처박혀 있던
보험증서들 양에 깜짝 놀랐습니다. 이런! 하지만 후회보다는 후련함이 더 커
서 기분은 아주 좋았습니다. 이제 정기적으로 재무상담을 받을 예정입니다."

　"저도 숙제를 받았어요. 아, 참 많네요. 숫자에 약한 제가 하나씩 하나씩 처
음부터 정리하느라 이전 가계부까지 모두 뒤졌습니다. 이제야 알았네요. 내
가 이때까지 가계부를 엉망으로 작성하고 있었다는 사실을요. 앞으로 가계부
를 어떻게 써야 하는지 알게 된 것만으로도 이 숙제의 진짜 의미를 깨달은 것
같습니다. 기분 아주 좋습니다."

　"헉, 우리집 대출이 이렇게 많았을까! 대출금 갚는 데 가계 수입의 1/3이 빠
져나가고 있었네요. 대충 감만 잡고 있었는데 정리된 자료를 보니 눈앞이 캄
캄합니다. 30만원이나 적자가 났습니다. 내 돈들이 다 어디로 새고 있는 건지
너무 궁금합니다. 이래서 재무상담이란 것이 필요한 것 같습니다.

CHAPTER **02**

보장성보험
재점검하기

불필요하게 새는 곳 알아야 과다출혈 막는다

건강보험 가입하기 전 꼭 알아 둘 것들

순수보장형으로 가입하라

정기특약과 정기보험을 충분히 활용하라

현 보험을 정확하게 분석하고 수정 보완하라

불필요하게 새는 곳
알아야 과다출혈 막는다

내 몸에 꼭 맞는 보험 디자인하기

시중에는 보험상품이 정말 많습니다. 그러다 보니 보험에 가입하려 해도 어디서부터 어떻게 시작해야 하는지, 어떤 내역들이 있으며 어떤 회사의 어떤 상품을 선택해야 하는지 고민하게 됩니다. 이번에는 보험에 대해 잘 모르는 독자들을 위해 누구나 쉽게 따라할 수 있는 보험 가입 방법에 대해 알려드리겠습니다.

1) 당신에게 꼭 필요한 보험에만 가입하라

사람들은 여러 가지 이유로 보험에 가입합니다. 그 이유를 크게 나누면 다음 네 가지 정도로 추릴 수 있습니다. 연령과 직업, 가계 형편 등 여러 가지 상황을 정확하게 파악한 후 당신에게 해당되는 보험을 골라 봅시다.

사망보장[a]

일반사망, 재해사망, 질병사망으로 분류됩니다. "내가 혹 사망하면 내가 부양해야 할 가족(자녀, 배우자)의 생계비는 어떻게 해야 할까? 내가 사망한 후에도 최소한 몇 년 동안은 생활비 걱정 없이 살 수 있도록 돈을 남겨두어야 하지 않을까?'라는 걱정 때문에 이러한 보험에 가입을 하는 것입니다. 일반적으로 이 내역의 대상자는 결혼을 하고 자녀가 있는, 한 집안의 경제를 책임지는 가장에게 해당됩니다.

건강보장(b)

암, 2대 질병, 성인병, 수술비, 입원일당, 실손의료비, 상해치료비, 기타 수술비 등의 내역으로 구성됩니다. 살다가 닥칠지도 모르는 질병이나 상해로 인하여 병원 치료를 받게 될 때, 치료비로 목돈이 들 수 있는 상황을 대비하여 보험을 들어놓는 것입니다. 예를 들면 암에 걸렸거나 사고로 크게 다쳤을 때, 치료비 부담을 위해 적금을 해약하거나, 집을 처분하거나, 지인에게 금전적으로 피해를 주는 등의 사태를 막기 위해 가입합니다.

노후보장(c)

연금보험, 변액연금보험, 변액유니버셜적립보험, 연금펀드, 연금저축보험 등의 상품이 해당됩니다. 60세를 즈음하여 경제활동을 마치면, 국민연금이나 공무원연금, 혹은 기타 방법으로 은퇴 이후 매월 생활비를 지급받게 되는데, 이 지급액으로 풍요로운 노후를 보장할 수 없을 것이라고 생각하여 미리 꾸준히 준비하는 것입니다.

배상책임(d)

자동차보험, 운전자보험, 일상생활배상책임보험, 자녀배상책임보험 등이 해당됩니다. 타인이나 타인이 보유하는 물건에 피해를 입혔을 때 그 피해액을 보상하기 위해 가입하는 적금입니다. 예를 들어 아파트 발코니에서 화분에 물을 주다가 실수로 화분을 떨어뜨렸는데, 마침 그 아래쪽 주차장에 있던 차량 위로 떨어졌다면, 당연히 자동차 수리비를 물어주어야 합니다. 또한 운전 중 실수로 앞차 범퍼와 살짝 충돌했다면, 역시 앞차의 범퍼를 교체하거나 수리하기 위한 비용을 물어주어야 합니다.

자녀를 두고, 배우자가 경제활동을 하지 않는 가장이라면?

= a+b+c

결혼을 한 자녀가 있고, 경제활동을 하는 남편을 둔 주부라면?

= b+c

미혼 여성이라면?

= b+c

미혼 남성이라면?

= b+c (a는 결혼 이후에 고려해야 한다.)

자녀에게는?

= b

결혼한 부부 모두 안정적인 직업을 갖고 있다면?

= b+c (부부 중 한 명이 잘못되어도 자녀는 한 명 수입으로 지출이 가능하다는 가정 하에 가입한다.)

2) 사망보장이 왜 필요한가

사망보장이 필요한 상황에 처해 있다고 판단되면 이 보장을 적정 규모로 갖추어 두는 것이 좋습니다. 만약 사망보장이 필요 없다고 판단되더라도 '내가 죽을 때 내 가족들에게 최소한 피해는 주지 말자'는 생각으로 사망보장은 일정 부분 챙겨두는 것이 유리합니다. 못해도 장례비에 대한 부담은 주지 말자는 것이죠. 그런 이유로 1,000~2,000만원쯤 사망보장을 준비하는 것이 바람직합니다.

사망보장의 구성내역

일반사망: 재해사망, 질병사망, 자살 등 대부분의 사망을 모두 포함한다. 쉽게 말해 어떻게 죽든, 죽으면 돈이 지급됨을 뜻한다.

재해사망: 자동차 사고를 포함하여 사고로 다쳐서 사망하는 경우를 가리킨다.

질병사망: 암, 당뇨, 심근경색, 뇌졸중 등과 같은 질병으로 사망하는 경우를 말한다.

사망보장의 필요 규모

'내가 죽으면 내 자식과 배우자는 어떻게 생활할까'라는 기준으로 판단해야 합니다. 필요한 규모는 개인별로, 생각별로 천차만별입니다. 하지만 일반적으로는 '내가 사망한 후 부양가족이 못해도 3년간 생활할 수 있는 규모로 책정하는 것이 일반적입니다. 예를 들어 당신의 연봉이 3,000만원이라면 '3,000만원×3=9,000만원'의 형태로 책정하면 됩니다. 하지만 정답은 어디에도 없습니다.

사망보장이 필요한 시기

가족을 위해 당신이 경제적으로 책임져야 할 기간이라고 해석할 수 있습니다. 일반적으로 사망보장이 필요한 시기를 규명할 때에는 당신의 가족 중 자녀가 경제적으로 독립을 할 시점까지로 책정하는 것이 이상적입니다. 보통 60세 정도가 그 적정 시기입니다. 쉽게 말해 종신보험이란 60세에 사망하든, 70세, 80세, 90세, 언제 사망하든, 사망하기만 하면 보험금을 지급하는 것이 종신보험 사망보장의 의미입니다. 보장 기간이 긴만큼 보험료가 비쌉니다.

사망보장이 필요한 시기를 책정하는 이상적인 방법은 정기특약이나 정기보험을 활용하는 것이 바람직합니다.

다음 표의 예를 보면서 보다 자세히 이야기해 봅시다.

사망보험금	보장금액	납입기간	보장기간	대상자	보험료
종신보험	1억원	20년	100세	33세(남)	150,000원
정기보험	1억원	20년	60세	33세(남)	41,000원

위의 표를 보면 두 종류의 보험 사이에 보험료 차이가 꽤 많이 납니다. 정기보험을 활용하는 것은 사망보장에 대해서 보험료를 효율적으로 절약하는 방법입니다.

사망보장을 책정하는 방법

사망이라는 범주는 일반사망, 재해사망, 질병사망 등으로 분류됩니다. 범주가 좁아질수록 보험료는 낮아집니다. '일반사망 〉 질병사망 〉 재해사망'의 순으로 같은 크기의 보장에서 보험료 차이가 발생합니다.

사망보험금	보장금액	납입기간	보장기간	대상자	보험료
정기보험	1억원	10년	60세	33세(남)	72,000원
재해사망	1억원	10년	60세	33세(남)	14,000원

다쳐서 사망하는 재해사망에 대한 보험료가 비교적 낮습니다. 일반적으로 사망에 대한 확률적인 통계상, 젊은 나이에는 자동차사고로 인한 사망률이 높습니다. 사망보장이라는 것이 '내가 젊어서 한창 돈을 벌 때 혹시 잘못되면?'이라는 걱정을 덜기 위한 것인만큼 재해사망보장에 더 많은 비중을 두고 관리하는 것이 효율적으로 보험료를 절약하는 방법입니다. 사망보장을 1억 5,000만원 정도로 고려한다면, 5,000만원은 일반사망, 1억원은 재해사망으로 책정합니다.

3) 건강보장에 대해서

건강보장은 몸에 질병이 생겨 병원 치료를 받게 될 때 병원에 지불해야 할 병원비가 부담될 경우를 대비하여 보험에 가입하는 것입니다. 병원비를 지불해야 하는 경우는 두 가지 정도가 됩니다.

• 상해(자동차사고, 기타 사고로 다침)로 인하여 병원에 통원, 혹은 입원 치료를 받을 경우
• 질병(암, 성인병, 감기, 당뇨…)으로 인하여 병원에 통원, 혹은 입원 치료를 받을 경우

이렇게 두 가지 정도로 분류될 수 있습니다. 보험회사에는 생명보험회사와 손해·화재보험회사가 있습니다. 이 두 보험회사는 보험금을 지급하는, 즉 보상을 해주는 방식에서 차이가 있습니다.

우선, 생명보험회사는 계약할 때 보험회사와 계약자 사이에 '해당 내역 발생시 일정액을 주겠다'고 약속합니다. 그 내용은 A질병에 대한 수술을 받으면 30만원을 주겠다, B질병에 대한 수술을 받으면 100만원을 주겠다, 며칠 입원을 하면 얼마를 주겠다는 등입니다. 예를 들어, '맹장 수술을 받으면 40만원을 주겠다' 라는 내용으로 보험회사와 계약했으면, 수술을 받았을 때 40만원을 보험회사로부터 지급받는 것입니다. 또한 만약 어떤 수술을 받았는데 약관에 약속한 수술 내역이 아니면 보험금을 주지 않겠다는 내용도 포함합니다.

한편 손해·화재보험회사는 계약할 때 계약자와 '당신이 해당되는 질병·상해에 대해서 병원치료를 받는다면 일정 한도 내에서 당신이 병원이나 약국에 실질적으로 내는 돈을 지급하겠다' 라는 형식으로 약속합니다.

예를 들어, 당신이 보험회사와 계약할 때 질병치료비 3,000만원 한도로 약정을 했다고 가정해 봅시다. 만약 급성장염으로 3일 입원했다가 퇴원할 때 병원에 내는 돈이 36만원, 약값이 5,000원이라면 총 365,000원의 보험금을 받을 것입니다. 즉, 생명보험회사에서 보장하는 내용을 점검할 때에는 해당되는 수술 내역을 보고, 받으려는 수술의 가능 여부를 판단하면 됩니다. 반대로 손해·화재보험회사에서 보장하는 내용을 점검할 때에는 해당되지 않는 내역을 보고, 그것을 제외한 나머지 내역은 가능하다고 생각하면 됩니다.

4) 질병 입·통원의료비와 상해의료비

질병 입원의료비는 질병으로 병원에 180일 이내로 입원하여 치료를 받는 경우 대부분 3,000만원 한도로 지급됩니다. 최근에는 한도가 높아지는 경향이 있어, 일부 보험회사는 5,000만원~1억원 한도로 지급하기도 합니다. 단 보상하지 않는 질병은 제외됩니다. 보상하지 않는 내역은 69쪽의 자료를 참고하면 됩니다.

쉽게 말해, 감기나 암 등 여러 가지 질병으로 입원하여 치료를 받을 경우, 치료 후 퇴원할 때 원무과에 들려서 병원비를 지불하고 약국에 가서 약을 타면 그 입원치료에 대한 지출 내역이 나옵니다. 이 지출 내역 중에서 국민건강보험에서 보장하는 내용을 제외한 비용은 피보험자인 환자가 부담하게 됩니다.

이 피보험자가 부담하게 되는 실질적인 비용에 대해서 3,000만원 한도로 보험금을 지급받게 되는 것입니다. 진찰료, 검사료, MRI, CT, 수술비, 마취료, 병실료, 식대, 주사비, 병원 제비용, 식대, 약대 등이 이에 포함됩니다. 예를 들어, 암 발병시에는 암 진단금+암 수술비+암 입원일당+질병 입·통원의료비가 모두 보장됩니다.

질병 통원의료비는, 여러 가지 질병으로 통원치료를 받는 경우 보험회사 별로 차이를 보이며 10~50만원 한도에서 지급됩니다. 이때 보험사별로 5,000원~2만원을 공제합니다. 즉, 감기로 통원치료를 받은 경우, 병원에서 치료를 받고 약국에서 약을 타게 됩니다. 그때 본인이 직접 부담해야 하는 비용이 2만원이 나왔다면, 본인은 5,000원을 내고 보험금으로 1만5,000원이 지급되는 것입니다.

상해의료비는 사고로 다쳐서 병원에 입원하거나 통원 치료를 받을 경우, 500~1,000만원 한도에서 약값을 포함한 치료비를 보상받는 것을 말합니다. 그러므로 보험에 가입하기 전에 당신에게 수술특약이 적합한지, 질병 입·통원의료비나 상해의료비 항목이 적합한지에 대해서는 신중하게 판단을 해야 합니다.

5) 질병·상해 입원일당

입원일당이란 병원에 입원하여 치료받을 때, 입원실 이용료를 일당 개념으로 지급하는 보험의 명칭입니다. 하루당 3만원을 약정하여 3일간 입원한다고 가정하면, 3만원×3일=9만원을 지급받게 됩니다.

생명보험에서 일당은 입원 3일까지는 지급되지 않고, 4일부터 지급됩니다. 만약 어떤 질병으로 10일 동안 입원했다면 처음 3일을 제외한 7일간의 입원에 대해서 입원일당에 7을 곱하여 지급됩니다.

반면 화재·손해보험에서 일당은 입원당일부터 지급이 됩니다. 10일 동안 입원했다면 입원일당에 10을 곱하여 지급되는 것입니다.

일당의 개념에서는 생명보험보다는 화재보험이 아무래도 적합한 것으로 보입니다.

일반적으로 입원일당의 필요 금액은 2~3만원 수준이면 안심할 수 있습니다. 하지만 암이나 성인병과 같은 질병으로 장기 입원할 때에는 입원실 사용료가 이보다 훨씬 많이 필요하겠죠.

보장명	보장금액	납입기간	보장기간	대상자	보험료
상해 입원비	2만원(하루당)	20년	80세	33세(남)	3,420원
질병 입원비	2만원(하루당)	20년	80세	33세(남)	4,262원

6) 암

건강보험에 가입하려는 가장 큰 이유 중 하나는 "내가 혹시 암에 걸리면 치료비가 만만치 않을 텐데⋯⋯"라는 불안과 그에 대한 대비 때문일 것입니다. 암이란 질병을 보험에서 보장하는 주된 방식에는 세 가지 정도가 있습니다.

첫째, 암진단금은 의사가 "당신은 암입니다."라고 진단했을 때 보험회사에서 암에 대한 치료비로 사용하라고 일시금을 주는 것입니다. 암 보장을 구성할 때 가장 중요한 부분이라고 할 수 있습니다. 암진단금의 의미는 수술이나 치료비 부분에 대해서 보조를 해주는 의미도 있지만, 좋은 음식, 보약, 기타 개인적인 치료를 하기 위한 비용 마련이라는 부분에 대해서도 중요한 의미를 갖습니다. 암에 대해서는 암진단금이 제일 중요한 부분을 차지합니다.

암진단금은 많으면 많을수록 좋습니다만, 진단금이 많으면 보험료가 비싸지죠. 그러면 적정 수준의 진단금 규모를 살펴보겠습니다.

– 암에 대한 가족력이 없거나 건강하다고 판단한다면

　➡ 진단금은 1,000만원 수준으로

– 암에 대한 가족력이 있거나 이 부분에 걱정이 많다면

　➡ 진단금은 2,000~3,000만원 수준으로

보장명	보장금액	납입기간	보장기간	대상자	보험료
암진단금	1,000만원	20년	80세	33세(남)	7,300원
암진단금	2,000만원	20년	80세	33세(남)	14,600원

둘째, 암수술금은 암 진단을 받은 후 수술을 할 때 지급받는 내역입니다.

셋째, 암입원금은 암 진단을 받은 후 병원에 입원하여 치료를 받을 경우 하루당 지급이 되는 일당의 개념입니다.

최근 우리나라에서는 암에 대한 치료비를 국민건강보험에서 상당부분 지원해 주고 있습니다. 그래서 실제로 암에 대한 병원 치료비는 그렇게 많지 않다고 합니다만 그래도 걱정이 되긴 마찬가지입니다.

7) 2대 질병, 급성심근경색증과 뇌졸중

드라마나 영화를 보면, 충격을 받은 배우가 갑자기 가슴이나 뒷목을 잡고 쓰러지는 장면을 종종 볼 수 있습니다. 가슴을 잡고 쓰러지는 경우의 대부분은 급성심근경색증일 확률이 높고, 뒷목을 잡고 쓰러지는 경우는 뇌졸중일 확률이 높습니다.

이런 상황이 발생하여 병원 치료를 받을 경우 치료비가 상당히 많이 나온다고 합니다. 2대 질병 보장은 급성심근경색증과 뇌졸중 등 2대 질병이 발병할 경우 진단금 형식으로 지급하는 보험입니다. 이 중 뇌졸중은 뇌출혈과 뇌경색을 포함하는 개념인데 최근에는 많은 보험 상품들이 뇌경색 부분을 2대 질병 항목에서 제외하고 있습니다. 하지만 뇌경색도 중요한 질병이므로 가능하다면 이 항목으로 보험을 가입하

는 것이 좋습니다. 2대 질병에 대한 진단비는 1,000~2,000만원 수준
으로 고려하면 적당합니다.

보장명	보장금액	납입기간	보장기간	대상자	보험료
뇌졸중	1,000만원	20년	80세	33세(남)	5,610원
급성심근경색증	1,000만원	20년	80세	33세(남)	1,010원

8) 기타 성인병

결핵, 간질환, 갑상선장애, 당뇨, 심장질환, 뇌혈관질환, 고혈압성
질환, 위궤양및십이지장궤양, 만성호흡기질환, 신부전증 등과 같은,
소위 성인병이라 불리는 질병에 대해서는 치료비가 만만치 않게 듭
니다. 이런 질병에 노출되었을 경우를 대비하기 위해 성인병 보장
특약에 가입합니다. 이러한 보험의 보장 방식은 수술비가 주를 이루
게 됩니다.

보장명	보장금액	납입기간	보장기간	대상자	보험료
성인병 수술비	100만원	20년	80세	33세(남)	442원

생명보험회사의 수술특약 해당 내역

1종 수술	2종 수술	3종 수술	4종 수술	5종 수술
비골, 관혈수술	골 이식술	피부이식술 유방 절단술	기관, 기관지, 폐, 흉막 관혈수술	폐장 이식수술
근·건·인대 관혈수술 만성부비강염 근본수술 하지 정맥류 근본수술 탈장 근본수술	상악골, 하악골, 악관절 관혈수술	골수염, 골결핵 관혈수술 두개골 관혈수술 사지 절단술 절단된 사지 재접합술	종격종양 적출술 심막 절개봉합술 식도 이단술 위 절제술	대동맥, 대정맥, 폐동맥, 관동맥 관혈수술
근치를 목적으로 한 치루, 탈항, 치핵 근본수술	쇄골, 견갑골, 늑골, 흉골 관혈수술	후두 전적제술 흉곽 형성술	간장, 췌장 관혈수술	직시하 심장내 관혈수술 심장 이식수술 간장 이식수술
음낭수종 근본수술 자궁경관 형성술, 자궁경관 봉축술 제왕절개만출술 자궁탈, 질탈, 근본수술 기타의 난관, 난소 수술 안검하수증 수술 백내장, 수정체 관혈수술 유양동 삭개술 요실금 수술, 방광류교정술	사지골, 사지관절, 관혈수술 악하선종양 적출술 담도계 결석 치료를 위한 체외충격파쇄석술 충수 절제술 직장탈 근본수술 방광 관혈수술 요로 결석 치료를 위한 체외충격파쇄석술	관혈적 혈관 성형술, 혈관 우회술 체내용 인공심박조율기 매입술 비장 적제술 이하선종양 적출술 기타의 위, 식도 수술 전신성 복막염, 담낭, 담도 관혈수술	소장, 결장, 직장 장간막 관혈수술 신장, 신우, 요관 관혈수술 부신 전적제술 관혈적 척수종양 적출술	췌장 이식수술 신장 이식수술 뇌하수체종양 관혈적 적제술 두개내 관혈수술
	고환, 부고환, 정관, 정색, 정낭 관혈수술 전립선 관혈수술 자궁 전절제술 자궁외 임신 수술 난관, 난소 관혈수술 신경 관혈수술 누소관 형성술 누낭비강 문합술 결막낭 형성술 각막 이식술	요도협착 관혈수술 요루폐쇄 관혈수술 음경 절단술 갑상선, 부갑상선 절제술 척수경막내외 관혈수술 녹내장 관혈수술 안구 적제술 조직충전술 안와종양 적출술 관혈적 고막, 고실 형성술 내이 관혈수술 개두술		
	관혈적 전방, 홍채, 초자체, 안와내 이물제거술 홍채 전후유착박리술 초자체 관혈수술 망막박리 수술 레이저, 냉동응고에 의한 안구수술 안근 이식술 만성중이염 중이 근본수술 개복술			

손해 · 화재 보험회사에서 보상하지 않는 내역

* 자해, 자살, 자살미수, 형법상의 범죄 행위 또는 폭력 행위(단, 형법상 정
  당방위, 긴급피난 및 정당행위로 인정되는 경우에는 보상)
* 선천성 뇌질환, 심신상실 및 정신적 기능 장해
* 임신, 출산(제왕절개 포함), 유산 또는 외과적 수술
* 의수, 의족, 의안, 의치 등 신체 보조 장구에 입은 손해
* 형의 집행
* 지진, 분화, 해일 또는 이와 비슷한 천재지변
* 전쟁, 외국의 무력행사, 혁명, 내란, 사변, 폭동, 소요, 기타
* 핵연료 물질에 의해 오염된 물질의 방사싱, 폭빌싱 사고
* 성병
* 알코올중독, 습관성 약품 또는 환각제의 복용 또는 사용
* 상해나 질병을 원인으로 하지 않는 신체검사, 예방접종, 인공유산, 불임
  시술, 제왕절개 수술
* 피로, 권태, 심신 허약 등을 치료하기 위한 안정치료
* 위생관리, 미모를 위한 성형수술
* 정상 분만, 치과질환(단, 상해로 인한 치과진료 시에는 보상)

건강보험 가입하기 전 꼭 알아 둘 것들

생명보험과 손해보험의 차이

Q9 27세 미혼 여성입니다. 사회생활을 시작한 지 5개월이 되었는데 보험에 가입해야 할 것 같아서 문의합니다. 보험상품의 종류도 너무 많고, 보험료는 얼마 정도로 책정해야 적합할지부터 뭘 어떻게 해야 할지 너무 복잡합니다. 도움 부탁드립니다.

A 무언가를 시작할 때 중요한 것은 그 무엇인가가 무엇인지, 나에게 왜 필요한지 등 기본적인 부분부터 체크하는 것입니다. 우선 생각해 봅시다. 사람들이 왜 보험에 가입하는 것일까요?

첫 번째는 사망보장입니다. 혹시 당신이 사망할 경우에 대비하여 부양해야 할 배우자, 자녀 등 가족의 생계비를 보장하기 위해 보험을 드는 것입니다. 두 번째는 건강보장을 위해서입니다. 아프거나 다쳐서 병원 치료를 받을 때 치료비가 부족하여 적절한 치료를 받지 못하는 상황을 방지하기 위해 보험에 듭니다. 세 번째는 당신이 나이 들어 은퇴한 후 생계를 보장하기 위해 보험을 듭니다. 네 번째는 당신이 실수로 남에게, 혹은 남이 가진 물건에 피해를 입혔을 때 보상하기 위해 보험을 듭니다. 그러면 당신이 보험을 가입하고자 하는 목적은 무엇인가요?

Q9 복잡하네요. 다 필요한 것 아닌가요? 모두 보장이 되면 좋을 것 같은데요.

A 사망보장이 필요한 대상자는 일반적으로 가장입니다. 가정 경제를 책임지고 배우자와 자녀를 부양해야 할 책임이 있는 가장들에게 필요한 사항이죠. Q9 의뢰인은 아직 미혼이고 향후 결혼을 하게 되더라도 일반적으로 가정 경제의 책임자는 특별한 경우가 아닌 이상 남성들의 몫이죠. Q9 의 의뢰인이 보험에 가입해야 할 주된 목적은 첫 번째, 두 번째, 네 번째로 정리될 것 같습니다. 이중 세 번째 목적인 은퇴 준비에 대해서는 차후 저축 및 투자 상담을 진행할 때 의견을 드리겠습니다. 현재 시점에서 시급한 부분은 두 번째와 네 번째 목적이라고 판단됩니다. 이에 대해서 몇 가지 질문을 드리겠습니다.

* 가족이나 친척 중에 고혈압이나 당뇨, 혹은 암과 관련된 질병으로 치료를 받은 사람이 있는가?
* 운전을 하는가? 어떤 목적으로 하는가?
* 술, 담배를 하는가?

Q9 첫 번째 질문에 대해서는 해당 사항이 없는 것 같고, 술은 조금 합니다. 운전은 합니다만 주말에 가끔 교외로 드라이브 가는 정도죠.

A 보험회사에는 생명보험회사와 손해보험회사가 있습니다. 두 회사 모두 건강보험 상품을 취급합니다. 그런데 보험금을 지급하는 방식에서 차이가 있죠. 사망보장이나 큰 질병에 대한 높은 보험금 지급이라는 면에서는 생명보험회사의 상품이 적합하고, 조금 더 폭넓은 질병 및 재해에 대한 보상 면에서는 손해보험회사 상품이 더 적합할 수 있습니다. Q9 의뢰인의 상황과 보험에 대한 목적을 고려하면 손해보험회사의 건강보험 상품이 더 적합해 보입니다. 운전을 많이 하지 않으므로 운전자보험이란 보장의 필요성은 그다지 높지 않습니다. 적합한 보험료의 수준은 본인 월 수입의 5% 이상은 넘지 않는 것이 적당합니다.

또한 현재 상황에서는 사망보험금의 필요성이 그다지 높지 않습니다만, 장례비 수준의 사망보험금은 가입하는 것이 심리적으로 안심이 될 수 있습니다. 그리고 흡연을 하지 않고, 음주는 약간 하며, 가족 중 고혈압, 당뇨, 암에 대한 병력이 없다면 암에 대한 보험금은 그리 높게 책정하지 않아도 크게 무리가 없을 것 같습니다. 암은 질병 입·통원의료비 보장에 포함됩니다. 그렇기 때문에 암진단금의 규모를 1,000만원 수준으로 책정을 했습니다.

이러한 보험 구성의 기준에 해당되는 사람은 미혼남성, 미혼여성, 주부, 직업이 안정적인 맞벌이 부부입니다. 물론 위 내역 중 심리적으로 불안하여 보장을 더 보강하고자 한다면 그 부분의 보장 규모를 높이는 방법도 가능합니다. 예를 들면 암 진단금을 1,000만원이 아닌 3,000만원으로 늘리고 싶다거나, 뇌졸중 보장 부분을 2,000만원으로 늘리고 싶으면 충분히 조정 가능합니다.

Q9의 적정 보험 내역과 보장 내용

구분	가입금액	보장기간	보장 내용
상해사망, 후유장해	1,000만원	100세	상해사고로 사망 또는 80% 이상 후유장해시
후유장해	1,000만원		상해사고로 80% 미만 후유장해 시(가입금액×지급율%)
질병사망	1,000만원		질병으로 사망 또는 80% 이상 후유장해 시
암진단금	1,000만원		암으로 진단 확정시 ＊기타 피부암, 상피내암, 경계성 종양은 가입금액의 20% 지급
암수술금	400만원		암으로 진단 확정 후 치료를 목적으로 수술시 ＊기타 피부암, 상피내암, 경계성 종양은 가입금액의 20% 지급
암입원금	10만원		암으로 진단 확정 후 치료를 목적으로 4일 이상 계속 입원시 ＊기타피부암, 상피내암, 경계성 종양은 가입금액의 20%지급
급성심근경색증	1,000만원		급성심근경색증 진단 확정시
뇌졸중	1,000만원		뇌졸중(뇌출혈, 뇌경색)으로 진단 확정시
성인병 수술비	100만원		성인병(신장질환, 뇌혈관질환, 고혈압, 당뇨, 위·십이지장궤양, 콩팥)으로 진단 후 수술시
상해 의료비	1,000만원		상해사고로 치료 시 500만원 한도 내에서 본인 부담분 지급(180일 한도)
질병 입원 일당	2만원		질병으로 입원치료 시 3일 초과부터 합산 지급(180일 한도)
상해 입원 일당	2만원		상해사고로 입원치료 시 3일 초과부터 합산 지급(180일 한도)
질병 입원의료비	5,000만원		질병으로 입원치료 시 지급(365일 한도, 1사고 당 5,000만원 한도)
질병 통원의료비	30만원	100세	질병으로 통원치료 시 지급(365일 한도, 통산 통원일수 30일 한도)
골절·화상진단/수술	30만원		골절 또는 심재성 2도 이상 화상으로 진단(수술)시 가입금액의 50%(100%) 지급
일상생활 배상책임	1억원		일상생활 중 우연한 사고로 타인의 신체에 장해 및 재물의 손해를 입힌 경우 부담하는 법률상 배상책임액을 가입금액 한도 실손 보상(공제 2만원)

보험료	약 45,000원(납입기간 25년 기준)

순수보장형으로 가입하라

만기환급형과 순수보장형 보험의 비밀

Q10 안녕하세요. 아이 보험에 대해서 고민하고 있는 30대 초반 주부입니다. 두 살 된 여자 아이의 건강보험을 알아보고 있는데 생각보다 복잡하네요. 이곳저곳에서 상담도 받아 보았습니다만, 혼란스럽기만 합니다. 특히 만기 때 돈을 돌려받을 수 있는 환급형으로 해야 할지, 돌려받지 못하는 보험으로 선택해야 할지 고민입니다. 보험설계사는 만기 때 돈을 다 돌려받을 수 있는 보험을 들라고 하네요. 만기인 20세 즈음에 대학등록금으로 활용하면 좋지 않겠느냐는 의견입니다. 어떻게 해야 할까요?

A 보장성보험은 만기 때 이제까지 납부한 보험료를 돌려받는가 여부에 따라서 만기환급형과 순수보장형으로 분류됩니다. 즉 만기가 되었을 때 보험료 대부분을 돌려받는 형태를 만기환급형, 돌려받지 못하는 형태를 순수보장형이라고 합니다. 어린이보험도 보장성보험입니다. 보장성보험은 가능하다면 순수보장형 즉, 만기 때 보험료를 돌려받지 못하는 형태의 상품을 선택하는 것이 바람직합니다.

보장성보험의 보험료를 구성하는 부분은 두 가지로 나누어집니다. 보장보험료와 적립보험료가 그것입니다. 보장보험료란 입원비는 얼

마, 수술비는 얼마, 암 진단비는 얼마…… 등과 같이 해당 내역을 보
장받기 위해 지불해야 하는 보험료를 말합니다. 적립보험료란 만기
때 보험료를 돌려받기 위해 별도로 저축되는 비용을 말합니다.

어린이보험을 만기환급형으로 가입하고 높은 보험료를 지출하는
것보다, 순수보장형으로 가입하고 만기환급형과 순수보장형의 보험
료 차액만큼 어린이펀드 및 저축 상품을 활용하여 교육비 부분을 준
비하는 것이 더 현명합니다.

아래의 두 보험상품을 보면서 생각해 보세요.

보험상품: 어린이실비보험
만기: 20세(18년 후)
보험료: 만기환급형(만기시 낸 보험료 100% 돌려줌), 보험료는 4만원, 또
는 순수보장형(만기 시 낸 보험료 0% 돌려줌) 보험료 1만원+어린
이 전용 적립식펀드 3만원

만기환급형 보험의 경우

수익률	보험 종류	현재	5년 후	10년 후	15년 후	18년 후
0%	만기환급형	4만원	240만원	480만원	720만원	**864만원**

이는 이자율(=수익률) 0%인 금융상품에 매월 4만원씩 투자한 것과
같은 효과입니다.

순수보장형+어린이 전용 적립식펀드

수익률	보험 종류	현재	5년 후	10년 후	15년 후	18년 후
0%	순수보장형	1만원				0만원
6%	어린이펀드	3만원	209만원	492만원	872만원	1,162만원

순수보장형의 경우 만기시 낸 보험료의 0%를 돌려받는 형태입니다. 어린이펀드의 수익률은 기대수익률을 연복리 6% 수준으로 예상하여 나타낸 자료입니다.

앞선 두 자료에서 18년 후 자산규모의 차이는 1,162만원과 864만원으로, 순수보장형+어린이펀드 상품이 300만원 정도 많은 것으로 나타납니다. 만약 어린이펀드의 실질수익률이 6%보다 높게 기록된다면 조금 더 높은 이득으로 자녀 교육비 부분에 도움을 받을 수 있겠습니다.

Q11 이제 32세 되는 결혼 1년차 남성입니다. 건강보험 상품을 알아보고 있는데, 인터넷에서 가입이 가능한 보험이 많더라고요. 이 중 몇몇 상품을 알아보면서 이것저것 보장 내역을 넣어보고 비교하던 중 만기환급형을 선택할 것인지, 순수보장형을 선택할 것인지 고민이 되더군요. 보장 기간은 80세이고, 보험료를 내는 기간은 20년인 건강보장 상품입니다. 보험료는, 만기환급형은 100,600원이고, 순수보장형은 91,300원입니다. 어떤 상품을 선택해야 할까요?

A 우선 80세 만기시 돌아오는 자금의 규모를 예측하자면, 만기환급형의 경우 100,600원을 20년간 낸다면 납입한 총액은 24,144,000원입니다. 80세 만기가 되면 이 현금자산을 돌려받게 됩니다.

반면 순수보장형의 경우 91,300원을 20년간 낸다면 납입한 총액은 21,912,000원이 됩니다. 이 현금자산은 80세가 되더라도 돌려받지 못하게 됩니다.

두 보험료의 차액인 9,300원을 연복리 6%의 수익률을 가진 적금 혹은 적립식펀드 상품으로 20년간 투자하고, 그 후 80세까지 28년간 연복리 6%의 수익률을 가진 예금 혹은 거치형펀드류 상품에 예치한다면, 80세 시점에 돌려받을 수 있는 금액은 21,964,816원이 됩니다. 9,300원을 투자할 때의 수익률이 연 7% 수준으로 기록된다면 80세가 되는 시점에는 28,569,915원이 되겠네요.

약 1만원이라는 현금이 만들어낼 수 있는 자산의 규모가 상당한 것으로 나타납니다. 48년 동안의 투자기간이 만들어낸 놀라운 효과입니다. 그런데 이상한 점은 91,300원이란 순수보장형의 보험료는 만기시에 전액 사라졌습니다. 그 금액이 2,100만원이라는 큰 액수의 금액입니다. 그런데 단돈 9,300원이란 돈이 꾸준히 모이니, 80세 만기 때 만기환급형 상품에 가입했을 때 돌려받는 금액을 만들었네요.

만약 만기환급형과 순수보장형의 보험료 차액이 약 1만원이 아닌 3만원, 또는 5만원이라면 어떻게 될까요? 어떤 보험 상품 유형이 더 유리할까요? 같은 보장이라면 보험료가 낮은 상품으로 가입하되 만기환급형보다 순수보장형을 선택하는 것이 좋습니다.

보장성보험은 소비성 정기지출이다

  우리는 매월 국민건강보험료를 꼬박꼬박 낸다. 그런데 국가가 이 보험료를
80세 혹은 90세에 돌려주는가? 돌려주지 않는다. 보장성보험 중 건강보험에
가입하는 목적은 국민건강보험에서 질병 또는 재해에 대한 치료비를 모두 해
결해주지 못하므로 그 부족함을 채우고자 함이다. 즉 건강보험은 국민건강보
험의 보강제품이라고 생각하면 된다. 당신이 아프거나 다쳐서 병원치료를 받
을 때를 대비하여 매월 약간의 돈을 지출하는 상품이다. 즉, 건강보험료는 매
달 써 버리고 남지 않는 소비성지출로 관리하는 것이 현명하다.

정기특약과 정기보험을 충분히 활용하라

보험의 목적과 상품의 관계

Q11 결혼 2년차 된 30세 가장으로 아내와 딸을 책임지고 있습니다. 최근 보험상품을 알아보고 있는 중인데, 특히 건강보험과 사망보험금을 받을 수 있는 종신보험 상품을 알아보고 있습니다. 물론 가족을 생각해서 열심히 돈을 벌고 있긴 합니다만, '만약 제가 잘못되면 내 아이는 어떻게 하나' 라는 생각에 보험을 알아보고 있는 것입니다. 그런데 생각보다 상품이 너무 많네요. 주위 사람들 얘기를 들어 보니 어떤 사람은 종신보험을 가입해야 한다, 어떤 사람은 정기보험을 가입하는 것이 더 좋다 등 의견이 분분합니다. 어떤 상품을 선택해야 할까요?

A 혹시 모르는 큰일에 대비해야 한다는 마음은 부양할 가족이 있는 가장으로서는 당연히 고민해야 하는 부분입니다. 대표적인 경우는 사망이죠. 그런 이유에서 종신보험과 같은 상품이 큰 호응을 얻고 있는 것이고요. 가장으로서 당연히 짊어져야 하는 가족에 대한 책임이자 의무라고 할까요? 그런데 이런 사망보장을 구성하고 활용하는 데에도 원칙이 있습니다.

가장으로서 가족에 대한 책임 기간은 언제까지일까요? 평생일 수도 있습니다. 하지만 일반적으로 그 책임 기간은 자녀의 경제적인 독립 시기까지 보는 것이 바람직합니다. 자녀가 대학을 졸업하고 직장을 가질 때까지가 일반적으로 생각하는 부모의 책임 기간이죠. Q11 의뢰인의 경우 1~2년 안에 자녀를 한 명 더 낳는다고 가정한다면, 막내가 직장을 가질 시기는 앞으로 28년 후 즈음이 되겠네요. 그때 Q11 의뢰인의 나이는 58세. 이 시기까지 사망에 대한 위험을 보험상품을 통해서 어느 정도 해결할 수 있다면 그 이후에는 사망보장에 대한 의미는 그렇게 크지 않습니다.

또한 사망보장을 구성할 때, 종신보험이라는 상품의 주된 계약으로 구성하는 것과, 정기특약(정기보험) 60세 만기로 구성하는 것에는 보험료 부분에서도 큰 차이가 있습니다.

예를 들어 보겠습니다.

대상: 30세, 남성
납입기간: 20년
보장규모: 일반사망 1억원
보험료: 종신보험의 주계약 1억원의 보험료: 144,000원
　　　　　정기특약(60세 만기) 1억원의 보험료: 40,000원

위의 내용을 보면, 약 10만원의 보험료 차이가 발생합니다. 같은 위험에 대한 대비로 지출을 하는데 4만원과 약 14만원의 차이가 납니다. 어떤 방법이 더 적합할까요?

Q11 그런데 종신보험은 나중에 연금 전환도 된다고 하던데요. 정기특약은 60세가 되면 연금 전환도 안 되고, 납부한 보험료도 사라진다고 하던데……. 그렇다면 종신보험이 더 낫지 않을까요?

A 네, 종신보험 상품은 연금 전환이 가능합니다. 종신보험의 연금 전환이라는 부분은, 주계약인 사망보험금을 포기하고 그 주계약에 대해서 냈던 보험료의 축적액을 연금으로 전환한다는 의미입니다. 만약 종신보험에 수술이나 입원, 암과 같은 특약이 있을 때에는 그런 특약에 대한 보험료는 전환이 되어서는 안 되죠. 그런 특약은 못해도 80세까지는 보장이 되어야 합니다.

144,000원이란 종신보험의 주계약 보험료를 60세에 연금 전환한다고 가정할 때, 60세 전환 당시에 쌓인 해당 보험료는 약 4,890만원 정도 됩니다. 이 자금을 20년 보증의 종신연금으로 전환한다면, 매년 315만원 정도를 수령할 수 있습니다. 그러면 매월 약 26만 8,000원 정도 수령이 가능하죠.

만약 종신보험료 약 14만원과 정기특약의 4만원 보험료의 차액인 약 10만원이란 금액을 5.2%의 이자율을 가진 연금보험에 20년간 투자하고, 60세에 연금으로 받는다고 가정한다면 어떻게 될까요? 60세 전환 당시의 기준액은 6,179만원 정도 되고, 이 자금을 20년 보증의 종신연금으로 전환한다면 매년 405만원 정도를 수령할 수 있습니다. 즉 매월 약 34만원 정도 수령이 가능하죠.

종신보험이란 상품은 분명 소비성지출에 가까운 상품이죠. 혹시 당신이 사망하거나 큰 질병 또는 재해에 노출되었을 때를 대비하는 목적의 상품입니다. 특히 사망보험금에 대한 보험료의 구성 중 큰 부분을 차지하는 것이 위험보험료입니다. 위험보험료라는 말의 의미는 전체 보험료 중에 일정 부분을 지출 즉, 똑같은 위험을 가진 다른 가입자를 위해 지출하는 형태로 소요되는 보험료입니다. 쉽게 말하면 본인을 위해 저축되는 것보다는 그런 위험에 대비하여 지출되는 부분이 더 많다는 것이죠.

즉, 사망보장을 위해서는 순수하게 사망보장만을 목적으로 지출해야 하고, 노후대비를 위한 준비를 위해서는 연금보험이나 변액연금보험처럼 그 목적을 위해 나온 상품을 활용해야 합니다.

사망보장은 정기특약 및 정기보험으로
활용하라

　가장으로서 가족에 대한 책임감으로 사망보험금의 필요성을 느낀다면 종
신보험의 주계약(사망보험금)이 아닌 정기보험을 활용하는 것이 좋다. 또는
종신보험의 주계약(사망보험금)을 큰 규모로 구성하여 보험에 가입하고 있다
면 정기특약, 정기보험으로의 전환을 신중하게 고려하도록 한다. 보장성보험
은 소비성지출이라는 사실을 명심해야 한다. 사망보장이 꼭 필요한 시기는 60
세 혹은 65세 이후가 아니다. 자녀가 경제적으로 독립이 가능한 시기까지인
60세 전후까지 가장으로서의 사망에 대한 책임을 지는 것으로 충분하다.

현 보험을 정확하게
분석하고 수정 보완하라

혜택은 그대로, 보험료는 절감

Q12 안녕하세요. 남편은 33세, 저는 31세이고, 갓 돌 지난 딸이 하나 있습니다. 출산을 하면서 맞벌이에서 외벌이로 되었고요. 남편의 수입은 월 300만원이 조금 안 됩니다. 현재 지방에서 살고 있으며, 1억원 조금 넘는 아파트를 소유하고 있습니다.

현재 가입하고 있는 보험의 내역은 다음과 같습니다. 남편의 종신보험은 보험료가 16만원이고, 가입한 지 1년 되었습니다. 30년 납입기간이고, 주계약 8,000만원, 재해사망 1억원, 재해상해 8,000만원, 수술비 1,000만원, 암 진단금 2,000만원, 암 치료비 2,000만원, 2대 질병 1,000만원, 입원 5만원입니다. 저는 종신보험인데 CI보험이라고 하더라고요. 보험료는 약 12만원, 납입 기간은 15년, 가입한 지 2년 되었습니다. 주계약 5,000만원(80%형), 재해상해 1억5,000만원, 상해치료 1,000만원, 수술비 2,000만원, 입원비 5만원, 재해사망 1억원, 2대 질병 1,000만원입니다. 아이는 태아 때 가입한 것으로, 인터넷으로 알아보니 생명+손해로 가입하는 것이 좋다고 하여 최고급형으로 가입했고 납부금액은 10만원입니다.

A 네, 현재 Q12 의뢰인 가정에서 보장성보험으로 지출되는 비용

은 월 약 38만원이군요. 월수입의 13% 수준에 달합니다. 이 보장성 보험료 지출 부분을 월 15만원 정도 줄이는 것이 가능하다면, 매월 저축이나 투자할 수 있는 여력은 그만큼 증가하게 됩니다. 15만원짜리, 자녀를 위한 어린이펀드 하나 가입하는 것도 가능할 것입니다.

종신보험이라는 상품의 보험료 중 가장 큰 부분을 차지하는 것이 사망보장입니다. 주계약, 정기특약, 재해사망이 사망에 대한 부분이고요. 이 부분의 보험료가 전체 보험료의 70% 이상을 차지합니다. 그리고 사망보장이라는 부분은 가정에서 경제를 책임지는 가장에게 집중되는 것이 원칙입니다. 그런데 Q12 의뢰인은 가장이 아니므로 사망보장은 최소한으로 책정하는 것이 바람직합니다. 특히 CI 보험이란 특성상 종신보험과 주계약의 규모가 5,000만원으로 같지만, 주계약 안에 사망보장 이외의 중대한 질병·수술과 같은 내역이 함께 포함되어 있어서 보험료가 더 비쌉니다. 사망보장은 필요한 사람에게 집중하여 관리하는 것이 좋습니다.

자녀에 대한 보험은 어린이실비보험 하나만으로 구성해도 전혀 무리가 없습니다. 인터넷에서 홍보되는 패키지형(생명+손해) 보험은 보험료만 상당히 높고 실제로 보장이 중복되는 경우가 많아 권하고 싶지 않습니다. 1만원 수준의 순수보장형 어린이실비보험 하나만 활용하세요.

남편의 사망보험금에 대해서는 어떻게 고려하고 있나요?

Q12 맞벌이 할 때에는 크게 중요하지 않다고 생각했는데, 외벌이로 돌아서고 아이가 생긴 이후로는 그 부분도 참 중요한 것 같더

군요. 조금 넉넉하게 준비했으면 해서 종신보험에 사망보험금을 높게 책정했습니다. 그리고 남편이 운전을 하기도 하고, 조금 난폭하게 하는 편이라 운전자보험도 필요한 것 같습니다. 이 부분도 조금 알아보니 5만원 정도는 더 있어야 운전자보험 가입이 가능하더라고

수정 전

대상자			남편	배우자
구분		보장기간	종신보험	CI종신보험
일반사망		종신	8,000만원	5,000만원
정기특약		60세		
재해사망			1억원	1억원
재해장해			~8,000만원	~15,000만원
암	진단비		2,000만원	4,000만원 (중대한 암)
	수술비		400만원	
	입원비		10만원	
2대 질병치료비			1,000만원	1,000만원
성인병	수술비			
	입원비	80세	5만원	5만원
일반 수술비			10만~1,000만원	10만~1,000만원
질병 입원비			5만원	5만원
재해 입원비			5만원	5만원
재해골절치료비				30만원
질병통원치료비				
질병입원치료비				
상해의료비				
일상생활배상책임				
벌금				
형사합의지원금 (타인사망)		80세까지		
형사합의지원금 (타인부상)		가능		
방어비용				
총 보험료			16만원	12만원
납입기간			30년납	16년납

요. 이것저것 모두 넣자니 보험료가 너무 비싸져서 걱정입니다.

A Q12 의뢰인의 가정에 이상적인 보장성보험의 구성 방법은 86~87쪽의 표와 같습니다.

수정 후

보장 기간	남편 정기보험+ 실비보험	배우자 암보험+ 실비보험	구분		보장 기간	자녀 어린이 실비보험
종신			상해사망			200만원
60세	1억원	1,000만원	상해후유장해			1억원
	1억원	1,000만원	조혈모세포이식수술비			2,000만원
	~1억원	~1,000만원	5대장기이식수술비			2,000만원
80세	3,000만원	3,000만원	암	진단비		4,000만원
	400만원	400만원		수술비		300만원
	10만원	10만원		입원비		10만원
	1,000만원	1,000만원	식중독 위로금			10만원
	200만원	200만원	자녀 10대질환	수술비	20세	50만원
	7만원	7만원		입원비		2만원
100세			일반 수술비			
	5만원	5만원	질병 입원비			2만원
	2만원	2만원	재해 입원비			2만원
	30만원	30만원	골절/화상 치료비			20만원
	30만원	30만원	질병 통원의료비			10만원
	5,000만원	5,000만원	질병 입원의료비			5,000만원
	1,000만원	1,000만원	상해의료비			1,000만원
	1억원	1억원	자녀배상책임			1억원
80세 까지 가능	2,000만원					
	3,000만원					
	2,000만원					
	300만원					
	15만원	7만6,000원	총 보험료			1만6,000원
	20년	20년	납입기간			20세납

가계에 도움되는 보험 상식

CI종신보험이란 무엇인가?

CI보험은 'Critical Illness'(치명적인 질병)의 약자로서 중대한 암, 급성심근경색증, 뇌졸중, 말기신부전증 및 중대 수술에 대한 보장과 고도장해를 보장함으로써, 고객의 요구를 충족시킨다는 내용이다. 그러나 지나치게 제한된 질병에 대해서만 보상한다는 문제가 대두되고 있다.

CI보험 약관에 나타난 '중대한 질병'의 정의는 다음과 같다.

CI보험의 '중대한 암'은, 암 세포가 존재하고 주위 조직으로 악성종양 세포의 침윤 및 파괴적 증식이 있는 암이며, 1.5mm 이하의 악성흑색종, 초기 전립선암, HIV감염과 관련된 악성종양, 피부암, 재발 또는 전이암, 전암병소, 상피내암, 경계성종양, 양성종양은 제외된다. 암분류표 C00~C97 중 C43(피부의 악성 흑색종)은 Breslow 분류법상 그 깊이가 1.5mm 이하인 경우 면책, C44(기타 피부의 악성신생물)는 일반 암보험에서는 20% 보험금을 지급하나 CI보험에서는 면책, 그 외의 분류코드에 해당하는 암은 진단시 위 단서 조항에 해당되는지 암을 진단한 의사의 진료기록에 의해 보장 여부를 결정하게 된다.

CI보험의 '중대한 뇌졸중'은 거미막하 출혈, 뇌내출혈뇌경색의 발생으로 뇌혈액순환의 급격한 차단이 생겨서 그 결과 영구적인 신경학적 결손(언어장해, 운동실조, 마비)이 나타나는 질병으로, 신경학적 증후로 장해등급분류표상에서 정한 수시간호를 평생토록 받아야 할 때(장해2급에 해당)가 해당되며, 일과성 허혈발작, 가역적 허혈성신경학적결손, 외상 뇌종양 합병증에 의한 외출혈 및 안동맥의 폐색은 제외된다.

CI보험의 '중대한 심근경색증'은 관상동맥의 폐색으로 혈액 공급이 급격히 감소하여 전형적인 흉통의 존재와 함께 해당 심근조직의 비가역적인(회복 불가능한) 괴사를 가져오는 질병으로, 전형적인 급성심근경색 심전도의 변화가 새롭게 출현하고 CK-MB를 포함한 심근효소가 새롭게 상승하는 특징이 있어야만 한다. 비심금적 흉통, 안정협심증, 불안정협심증, 이형협심증을 포함한 모든 종류의 협심증은 제외된다.

CI보험의 '말기신부전증'은 양쪽 신장 모두가 비가역적 기능 부전을 보이는 말기 신질환으로서 말기 콩팥(신장)병(제4차 한국표준질병사인분류 N18.0)에 해당하는 질병 중에서 보전요법으로는 치료가 불가능하여 정기적인 신장 투석요법을 받고 있어야 하고, 일시적 혈액이나 복막 투석은 제외된다.

CI보험의 '말기간경화'는 다음 네 가지 중 한 가지 이상의 원인이 되어야 한다. 첫째, 통제가 불가능한 복수증, 둘째, 영구적인 황달, 셋째, 위나 식도벽의 정맥류, 넷째, 간성 뇌증. 단, 알코올중독 또는 약물중독에 의한 간질환, 선천적 및 독성 간질환은 세외된다.

그 외에도 보험사에 따라 장기이식수술(간장, 신장, 심장, 췌장, 폐장), 심장판막치환수술, 대동맥인 조혈관치환수술, 관상동맥우회술, 1급장해 및 중증의 간·폐질환 등을 보장하나, 모두 지극히 심각한 상태만을 보장한다.

보장성보험은 기성품이 아니다

　건강보험, 종신보험 등과 같은 보장성보험은 백화점에 진열되어 있는 냉장고나 TV처럼 이미 만들어진 상품을 가격 흥정을 통해 구입하는 것이 아니다. 양장점에서 내 몸에 맞게 양복을 맞추어 입듯 나에게 필요한 부분을 체크하고 불필요한 부분은 삭제하는 과정을 통해 나만의 보험으로 맞추어 가입하는 상품이다.

　예를 들어, 남편 사망보장을 1,000만원으로 책정할 수도 있고, 1억원 또는 2억원으로 책정할 수도 있다. 또한 암진단금을 1,000만원으로 할 수도 있고, 3,000~4,000만원으로 높일 수도 있다. 홈쇼핑에서 판매하는 보험처럼, "암은 얼마, 수술비도 매번 얼마씩 나옵니다." 또는 "30세 성인 여성 기준 보험료 5만원, 40세 남성 기준 보험료 7만원……" 등 이런 형태로 가입하는 것이 아니다.

CHAPTER 03

펀드 비타민,
제대로 알고 복용하기

도대체 펀드가 뭐죠?

펀드의 위험성을 인지하라

펀드와 적금의 수익률 산출 방식을 이해하라

펀드 수수료를 이해하라

나는 어디에 투자해야 하나

펀드, 시간에 투자하라

도대체 펀드가 뭐죠?

주식과 펀드의 원리 이해

Q13 27세 남성이며, 사회 초년생입니다. 매월 여윳돈이 20만 원 정도 생기는데, 이 돈으로 펀드를 시작하려고 합니다. 지금 펀드를 시작해도 될까요? 그런데 펀드에 대해서는 전혀 아는 바가 없어서, 무엇부터 어떻게 시작해야 할지 모르겠습니다. 적립식이 나은지 혹은 거치식이 나은지를요. 아직 CMA계좌도 만들어 놓지 않은 상황입니다.

Q14 40세 주부입니다. 지금까지 은행 예금, 적금만 활용하면서 재테크를 했습니다. 그런데 최근에 이웃들과 만나서 이런저런 이야기를 나눌 기회가 있었는데, "요즘은 해외펀드가 좋더라.", "나는 펀드로 자동차를 바꿨다."며 펀드로 돈을 많이 벌었다고들 합니다. 혼자 시대에 뒤쳐져 사는 것은 아닌지 걱정이 되어 펀드를 시작해 볼까 하는데 어디부터 어떻게 시작해야 할지 도대체 모르겠습니다.

A Q13, Q14 의뢰인 모두 펀드에 투자하기 전, 반드시 '펀드'에 대한 기본적인 이해 과정이 선행되어야 합니다. 가장 쉽게 설명하면

펀드라는 상품은 '어떤 물건을 사고파는 것'으로 이해하면 됩니다.

Q14 의뢰인이 만약 소매로 과일가게를 운영한다고 생각해 봅시다. 도매점에서 사과를 떼 와서 가판대에 잘 진열해 놓고 팔게 될 것입니다. 도매상에서 1,000원짜리 사과를 들여와 가게에서 1,100원에 판매한다면, Q14 의뢰인은 100원의 수입을 얻게 됩니다. 10%의 수익률입니다.

만약 1,000원짜리 사과를 100만원어치 즉, 1,000개의 사과를 구매한 후 저온 냉장고에 잘 보관해 두었는데 명절 시즌이 다가와 사과의 가격이 1,500원으로 껑충 뛰었다고 가정해 봅시다. 대단한 수익을 얻을 수 있을 것입니다. 그 사과를 모두 팔았다고 가정한다면, 100만원을 투자하여 50만원의 순이익을 올린 것이 됩니다. 수익률로는 50%가 됩니다.

반면에 1,000원짜리 사과를 똑같이 100만원어치 구매한 후 저온 냉장고에 보관해 두었는데, 그해 사과가 풍년이 되어 시중에 저가의 사과들이 쏟아져 나왔습니다. 사과 가격은 700원으로 형성이 되었습니다. 저장해 둔 사과를 마냥 방치할 수는 없으므로 구매했던 사과를 700원에 팔고 30만원의 손해를 보게 됩니다. 수익률로는 −30%입니다.

펀드라는 상품에 투자하는 것도 위와 비슷하게 이해를 하면 됩니다. 펀드에 투자할 때에는 사과를 사고파는 것이 아니라 '좌'라는 펀드의 물품을 사고팔게 됩니다. 사과 가격이 시장 상황에 따라서 변동하듯이 '좌'라는 물품의 가격 또한 경제 상황에 따라서 변동하게 됩니다.

다음의 표는 2005년 7월부터 2008년 7월 말까지 우리나라의 종합주가 상황을 나타내는 자료입니다. 자료 왼쪽의 숫자를 사고파는 물건의 가격이라고 생각하면 됩니다.

대한민국의 종합주가

예를 들어 2005년 7월 말에 1,100원짜리 물건 '좌' 100개를 산다고 합시다. 사는 데 사용된 자금은 11만원입니다. 이 좌를 팔지 않고 잘 보관해 두었다가 2007년 7월 말 즈음에 처분을 합니다. 처분할 때 좌의 가격은 2,000원이므로 100개×2,000원=20만원이 됩니다. 11만원을 투자하여 20만원을 벌었으므로 9만원의 이익이 발생했습니다. 만약 2007년 11월에 좌를 구매했다가 2008년 7월 말에 좌를 팔게 된다면 손해를 보게 될 것입니다.

그렇다면 적립식펀드는 무엇일까요?

적립식펀드는 매달 일정액을 투자하여 이런 좌를 구매하고, 일정

시간이 지난 후 팔면서 수익이 발생하는 형태의 투자를 의미합니다.

예를 들면, 2007년 3월부터 2007년 12월까지 매달 10만원씩 좌를 구매하여 보관해 둡니다. 그리고 2007년 12월 말에 보관해 두었던 좌들을 위 표상에서의 좌의 가격으로 모두 판매한다면, 구매했을 때의 좌의 가격과 다른 가격으로 팔게 됩니다. 이렇게 변동하는 가격에 따라 매달 구매할 수 있는 좌의 개수도 달라집니다. 매월 구매한 좌들을 그대로 보관해 두었다가 2007년 12월말, 좌의 가격이 1,900원일 때 보관해 두었던 좌들을 모두 처분한다면, 572개×1,900원=약 109만원이 됩니다. 총 100만원을 투자하여 9만원 정도의 이익을 얻는 것입니다. 9%의 수익률이 되는 것입니다.

날짜	투자액	좌의 가격	좌의 개수
2007년 3월	10만원	1,400원	71
2007년 4월	10만원	1,500원	67
2007년 5월	10만원	1,600원	63
2007년 6월	10만원	1,800원	56
2007년 7월	10만원	1,900원	53
2007년 8월	10만원	1,700원	59
2007년 9월	10만원	1,950원	51
2007년 10월	10만원	2,000원	50
2007년 11월	10만원	1,970원	51
2007년 12월	10만원	1,900원	53
총 투자액	100만원		572
총 수익금	약 109만원		
수익률	9%		

Q14 그럼 '펀드를 한다'는 말은 '펀드를 산다. 즉 좌를 사고판다'고 이해하면 되겠네요. 그런데 '좌'라는 것은 정확하게 무엇인가요?

A 네, Q14 의뢰인은 주식이나 채권이라는 상품을 이해하는 과정이 필요한 것 같습니다.

주식이란 어떤 회사의 소유권이라고 생각하면 됩니다. 예를 들면 M이라는 회사가 있습니다. 회사를 설립하는 데 필요한 돈이 1억원이라고 가정해 봅시다. 창업주가 혼자 힘으로 이 돈을 해결하기 버거워 다섯 명이 공동으로 투자를 하게 됩니다. 2,000만원씩 다섯 명의 돈을 모아 M이라는 주식회사를 설립합니다. 10만원짜리 주식(소유권)을 1,000개 만들어, 다섯 명이 200개씩 주식을 소유하는 것과 같습니다.

M이라는 회사가 일이 잘 풀려 돈을 벌었습니다. 회사의 가치는 올라가겠죠. 1억원이던 회사의 가치가 2억원이 되었습니다. 한 개 10만원짜리였던 주식 가격이 20만원이 되었습니다. 공동 소유한 개개인의 재산 또한 함께 상승하게 되었습니다. 공동투자자였던 다섯 명 중 한 명이 돈이 필요하여, 소유 중이던 200개의 주식 중 50개를 B라는 사람에게 팔았습니다. 팔 때 주식 가격이 한 주식에 15만원이었다면, 750만원어치의 주식을 환매한 것이고, 이 주식을 산 B는 750만원을 투자하여 50개의 주식을 획득하게 됩니다. B라는 사람은 전체 주식수 1,000개 중 50개를 소유하게 된 것입니다. 즉, M이라는 회사의 소유권의 5%를 갖게 된 것입니다.

이처럼 어떤 회사의 주식을 소유하고 있는 사람을 '주주'라고 합니다. 많은 비중을 가진 사람을 대주주라고 하고, B처럼 소유권이 상대적으로 적은 사람을 소주주라고 합니다.

채권이란 주식처럼 회사의 소유권을 갖는 것이 아니라, 회사가 돈이 필요할 때 그 회사에 돈을 빌려주는 것입니다. "내가 당신 회사에 1,000만원을 1년간만 빌려줄 테니 나에게 5% 이자를 지급하시오." 회사 규모가 크지 않고 사정이 급박하여 급하게 돈이 필요한 상황이라면, 빌려주는 사람은 더 많은 이자를 달라고 요구할 수도 있습니다. 즉, 회사 사정이나 긴급함의 정도에 따라 채권의 수익률(이자율)이 달라질 수 있습니다.

국가에 돈을 빌려준다면 국채, 회사에 돈을 빌려준다면 회사채, 개인에게 돈을 빌려준다면 사채, 이런 형태로 채권의 이름이 붙습니다.

이번에는 '주식을 사고판다' 라는 것에 대해 설명하겠습니다. 먼저 다음 페이지의 그래프를 보세요.

다음 그래프와 같이 C 혹은 D라는 회사의 주식 가격이 변화하는 상황에서 주식을 사고파는 것입니다. 예를 들면 C라는 회사의 주식을 2006년 1월에 구매하여 2007년 7월경에 처분한다면 12만원짜리 주식을 약 1년 6개월간 보유했다가 24만원에 팔게 되므로 많은 수익을 얻을 수 있을 것입니다.

만약 D라는 회사의 주식을 2006년 1월에 구매하여 2008년 3월에 처분한다면, 6만5,000원짜리 주식을 산 뒤에 약 2년간 보유했다가 2만5,000원에 파는 형태이므로 손해가 이만저만이 아닙니다.

주식에 투자하는 사람이라면 위 그래프를 보고 대부분 "당연히 C 회사 주식을 사지, 왜 D회사 주식을 사겠어?"라 생각하고 투자를 할 것입니다. 하지만 C주식이 저렇게 상승하고, D주식이 저렇게 하락할지 그 누구도 미래를 확신할 수는 없습니다.

C

D

만약 C주식과 D주식을 동시에 절반씩 구매하여 2007년 7월에 처분했다면 어떻게 될까요? C에서 수익률을 얻지는 못했겠지만, D에서의 큰 손해도 없을 것입니다.

한편, 펀드는 하나의 펀드상품 내부에 40~50개 혹은 그 이상의 주식들이 포함되어 있는 금융상품을 말합니다. 이해를 돕기 위해서 ○○○○자산운용회사의 국내주식형펀드 중 하나를 예로 들어보겠습니다.

펀드 내부의 주식 수는 총 예순아홉 개이고, 이 중 높은 비율로 포함된 대표적인 기업들은 다음의 표와 같습니다.

주식을 '1주, 2주⋯⋯'로 세듯이 펀드의 단위는 '좌'라고 합니다. 즉 펀드에 투자한다는 것은 그 금액에 해당하는 펀드의 좌를 산다는 뜻입니다. 다시 말해, 펀드 1좌를 산다는 것은 다음 표에 나타난 편입율 대로 펀드를 구성하고 있는 회사의 주식을 모두 산다는 말입니다.

주식	편입율	주식	편입율
삼성전자	7.50%	LG화학	2.50%
POSCO	5.60%	신세계	2.50%
LG전자	4.30%	동양제철화학	2.30%
현대중공업	4.20%	현대건설	2.30%
GS건설	3.30%	현대차	2.20%

(2008년 9월 18일 현재)

Q14 그럼 주식과 펀드 중 어떤 상품에 투자하는 게 나을까요?

A 하루 일과 중 상당 부분을 본인이 투자하려는, 혹은 투자한 회사의 객관적인 경영 사정이나 실적, 향후 투자의 가능성 등을 분석하고 판단하는 데 활용할 수 있고, 또 그렇게 할 자신이 있으면 주식에 투자하는 편이 좋습니다. 반면 위와 같은 노력은 전문가에게 맡기고 자신의 일에 더 많은 노력을 기울이고 싶다면 펀드에 투자하는 편이 좋습니다. 물론 본인이 투자할 펀드를 잘 관리할 만한 전문가 혹은 전문팀을 잘 선별하는 것도 중요한 문제입니다.

펀드의 위험성을 인지하라

펀드상품의 수익성과 위험성

Q15 안녕하세요. 27세 미혼이고, 직장에 다니고 있는 여성입니다. 월수입은 150만원이고, 월지출은 공과금, 생활비, 보험료 등을 합하여 50만원 정도 됩니다. 현재 모아 놓은 돈은 1,500만원 정도로, 예금에 넣어 놓고 있습니다. 1년 정도 후에 결혼을 계획하고 있습니다. 재무설계의 목적은 결혼 준비를 위한 자금 마련입니다.

저는 이제까지 적금만 들어서 돈을 모았어요. 그런데 최근에 친구들이나 주위에서 "요즘 적금 드는 사람이 어디 있냐?"며 펀드를 해야 한다고 합니다.

Q16 안녕하세요. 결혼 후 7년간 꼬박꼬박 자금을 모아 내년에 집 장만을 하게 되었습니다. 앞으로 1년 남짓 잔금일자가 남아 있죠. 그런데 잔금 치르는 데 필요한 자금이 조금 부족합니다. 가능하면 대출 없이 집 장만을 하려고 하는데 아무리 머리를 싸매고 생각해봐도 현재 모아 놓은 돈으로는 부족하네요. 예전에 펀드를 2년 정도 해서 짭짤하게 재미를 보았던 기억이 나서 앞으로 1년간 펀드를 해볼까 생각합니다만, 괜찮을까요?

$\mathbb{A}$ Q15, Q16 의뢰인의 경우 명확한 목표가 수립된 상태입니다. 그 목표에 대한 필요자금의 규모 또한 정해진 상황입니다. 그리고 앞으로 남은 투자기간이 약 1년이라는 점과, 앞으로 1년간 안정적인 예·적금만을 활용할 때에는 당연히 필요한 자금의 총액을 얻을 수 없다는 점도 동일합니다.

이러한 이유로 조금 더 수익률을 높일 수 있는 방법이 뭐 없을까 고민하고 있죠. 그 방법의 하나로 펀드라는 상품에 관심을 보이고 있습니다.

Q15, Q16 의뢰인에게 남은 투자기간은 1년입니다. 이 투자기간 동안에 펀드에 투자를 해서 예·적금을 활용한 재무설계보다 높은 수익률을 얻는 것이 가능하다면 그건 분명 성공이겠죠. 그런데 과연 그것이 가능할까요?

다음 자료는 1년이라는 동일한 투자기간 동안 적립식펀드에 투자했을 때 발생할 수 있는 수익률의 변화를 보여주는 자료입니다.

1) 주가 상승기의 적립식펀드 예상 수익률

오른쪽 표를 통해 2005~2006년 사이 국내의 주가는 900포인트에서 1,300포인트 중반까지 이동했다는 것을 알 수 있습니다. 이 시기에 적립식펀드(인덱스펀드)에 투자했다면 수익률은 당연히 좋았을 것입니다. 17%의 수익률이니 매달 100만원씩 총 1,200만원을 투자할 경우 수익금은 1,400만원 정도 됩니다. 성공적인 투자가 되는 겁니다.

날짜	종합주가	투자금액(원)	매입좌수
2005.04.29	911.3	1,000,000	1,097.33
2005.05.31	970.21	1,000,000	1,030.70
2005.06.30	1,008.16	1,000,000	991.91
2005.07.29	1,111.29	1,000,000	899.86
2005.08.31	1,083.33	1,000,000	923.08
2005.09.30	1,221.90	1,000,000	818.40
2005.10.31	1,158.11	1,000,000	863.48
2005.11.30	1,297.44	1,000,000	770.75
2005.12.30	1,379.37	1,000,000	724.97
2006.01.31	1,399.83	1,000,000	714.37
2006.02.28	1,371.59	1,000,000	729.08
2006.03.31	1,359.60	1,000,000	735.51
수익률	17%	총 투자액	12,000,000원
연평균수익률	17%	총 수령액	14,003,110원

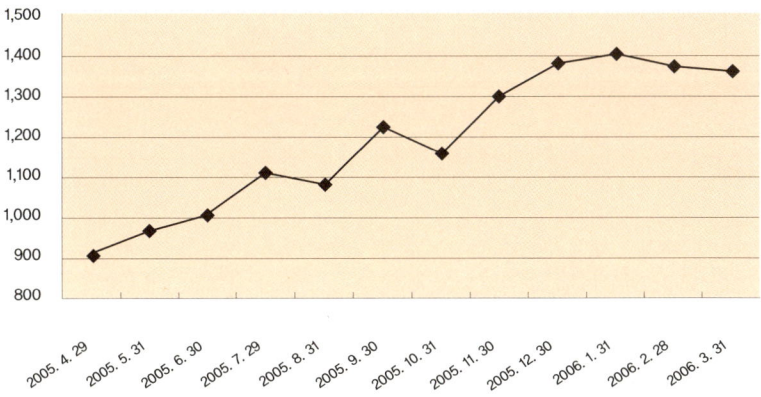

2) 주가 변동이 크지 않을 때의 적립식펀드 예상 수익률

다음의 표는 2003~2004년 사이 국내의 주가가 800포인트에서 830포인트 초반까지 이동했던 걸 보여 줍니다. 이 시기에 적립식펀드(인덱스펀드)에 투자했다면 수익률이 그다지 좋지 않았으므로 은행 적금을 든 효과와 거의 동일한 수익을 얻을 것입니다.

날짜	종합주가	투자금액(원)	매입좌수
2003.11.28	796.18	1,000,000	1,256.00
2003.12.31	810.71	1,000,000	1,233.49
2004.01.30	848.5	1,000,000	1,178.55
2004.02.27	883.42	1,000,000	1,131.96
2004.03.31	880.5	1,000,000	1,135.72
2004.04.30	862.84	1,000,000	1,158.96
2004.05.31	803.84	1,000,000	1,244.03
2004.06.30	785.79	1,000,000	1,272.60
2004.07.30	735.34	1,000,000	1,359.92
2004.08.31	803.57	1,000,000	1,244.45
2004.09.30	835.09	1,000,000	1,197.48
2004.10.31	834.84	1,000,000	1,197.83
수익률	2%	총 투자액	12,000,000원
연평균수익률	2%	총 수령액	12,240,110원

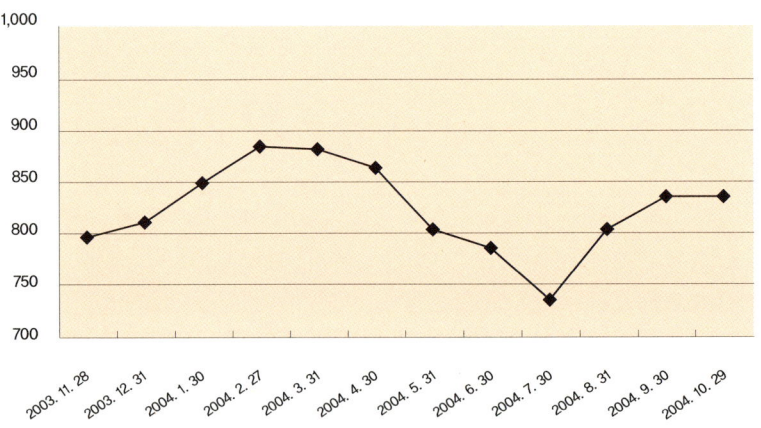

3) 주가 하락기의 적립식펀드 예상 수익률

날짜	종합주가	투자금액(원)	매입좌수
2002.03.30	901	1,000,000	1,109.88
2002.04.30	842.34	1,000,000	1,187.17
2002.05.31	796.4	1,000,000	1,255.65
2002.06.29	742.72	1,000,000	1,346.40
2002.07.31	717.89	1,000,000	1,392.97
2002.08.30	736.4	1,000,000	1,357.96
2002.09.30	646.42	1,000,000	1,546.98
2002.10.31	658.92	1,000,000	1,517.63
2002.11.29	724.8	1,000,000	1,379.69
2002.12.31	627.55	1,000,000	1,593.50
2003.01.30	591.86	1,000,000	1,689.59
2003.02.28	575.43	1,000,000	1,737.83
수익률	−18%	**총 투자액**	12,000,000원
연평균수익률	−18%	**총 수령액**	9,850,000원

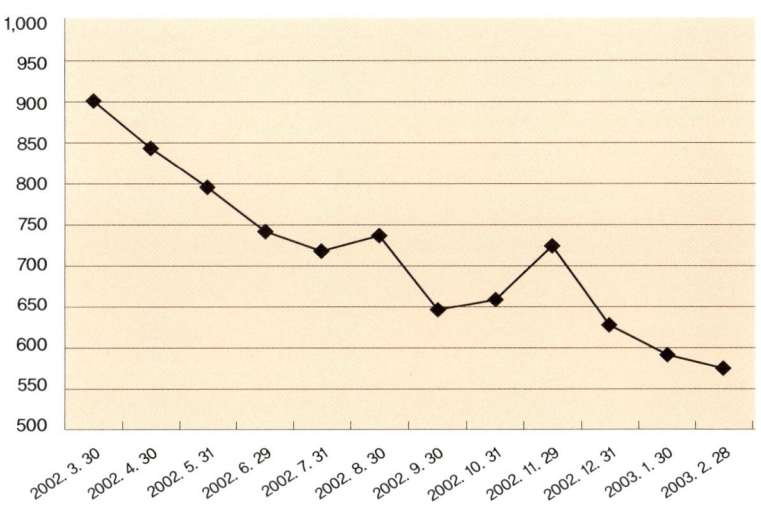

이어지는 표를 통해 2002~2003년 사이 국내의 주가는 900포인트에서 500포인트 후반까지 이동했던 걸 알 수 있습니다. 이 시기에 적립식펀드(인덱스펀드)에 투자했다면 수익률은 최악이라 할 수 있습니다. −18%의 수익률이므로 매달 100만원씩 총 1,200만원을 투자했다면 수령액은 985만원 정도 됩니다. 손실액이 300만원에 달하게 되는 것입니다.

위의 자료가 말하듯이, 1년이라는 동일한 기간 동안 적립식펀드에 투자를 했을 때 수익률의 변동 폭이 상당히 높습니다. 즉, 내가 투자한 원금에 상당히 많은 수익금이 붙을 수도 있지만, 반대로 상당한 손실을 입을 수도 있습니다. 펀드가 가진 위험성이란 바로 이런 것입니다. 나의 소중한 자산이 어떻게 변할지 모른다는 것!

이래도 투자기간이 여유롭지 못한 상황에서 펀드라는 금융상품에 투자하겠습니까?

펀드와 적금의
수익률 산출 방식을 이해하라
동일한 이자율에서 발생하는 펀드와 적금의 수익 차이

Q17 29세 직장인 여성이고, 내년에 결혼을 하려고 합니다. 결혼 자금 준비를 위해 상품을 알아보는데 선택하기가 참 어렵습니다. 주위 사람들에게 물어봤더니, 어떤 사람은 적립식펀드를 들어야 한다, 어떤 사람은 CMA에 차곡차곡 쌓아라, 어떤 사람은 적금을 들어라…… 여러 가지 의견에 고민이 많았죠. 그러다가 ○○상호저축은행에 1년 만기로 매월 50만원씩 붓는 적금에 가입했습니다. 이자율이 6.8%나 되더라고요. 세금우대도 가능하다 하여 그렇게 책정했습니다. 선택을 잘한 건가요?

Q18 32세 직장인 남성입니다. 올해 중고차를 구입하기 위해 작년 이맘때부터 적립식펀드에 가입했습니다. 적금을 들까, 적립식펀드를 들까 고민하다가 예전에 펀드를 조금 해서 수익을 본 경험이 있어서 주식형적립식펀드를 선택했었죠. 딱 1년이 되는 최근에 수익률을 조회해 보니 4% 정도 되더라고요. 조금 실망했습니다. 그 당시 ◇◇저축은행 적금 이자율이 7% 가까이 되었는데 적금을 들면 더 좋았을 것을, 후회됩니다.

Ⓐ Q17 의뢰인이 1년 만기 6.8%의 적금을 가입하여, 만기되었을 때 찾을 수 있는 예상 금액은 아래와 같습니다.

구분	적립원금	이자율	세금	세후이자	세후수령액	세후금리
세금우대(9.5%)	6,000,000원	6.80%	20,995원	200,005원	6,200,005원	6.15%

약 620만원 정도로 처음 가입할 때 생각했던 것보다 이자가 조금 낮습니다. 50만원씩 1년을 내면 원금이 600만원이고, 이것에 6.8%라면 약 40만원. 이자 세금을 제한다고 하더라도 36만원 정도의 이자는 붙을 줄 알았는데 20만원밖에 붙지 않았습니다. 차라리 펀드를 가입할 걸, 후회할 수도 있습니다.

적금의 이자 산정 방식은 아래와 같습니다.

개월수	1개월	2개월	3개월	~~~	10개월	11개월	12개월
적금액	50만원	50만원	50만원		50만원	50만원	50만원
이자율							→6.8% →6.23%(6.8%×11/12) →5.66%(6.8%×10/12) →1.7%(6.8%×3/12) →1.13%(6.8%×2/12) →0.56%

매달 넣는 적금액에 대한 이자율은 적금 통장에 남아 있는 금액과 만기에 도달하는 시점에 따라 상이합니다. 이런 이유로 적금에 처음 가입하며 기대했던 이자보다 만기 수령할 때 이자가 생각보다 낮은 것입니다.

반면 펀드의 수익률은 적금과는 다릅니다.

구분	적립원금	이자율	세금	세후수익금	세후수령액	세후금리
비과세	6,000,000원	4.00%	0원	240,000원	6,240,000원	4.00%

펀드, 특히 적립식펀드의 수익률은 이 펀드를 찾을 때 결정이 됩니다. 펀드 수령시 4%의 수익률이라면 총 투자한 원금에 4%의 수익률이 발생했다는 말이 됩니다. Q18 의뢰인이 적금을 들지 않은 것을 후회했지만, 결과적으로 보면 오히려 펀드를 든 것이 약 4만원 정도 이득을 보았습니다.

즉, 적금의 이자율 6.8%(세전)에서의 수익금과 펀드의 수익금이 동일하기 위해서는, 주식형적립식펀드라는 가정 하에서 펀드의 수익률이 3.5% 정도만 발생하더라도 같은 효과를 얻게 됩니다.

만약 현재 활용 중인 적립식펀드의 수익률이 3.5% 이상으로 기록되고 있다면, 현재까지 당신의 선택은 "수익률이 이것밖에 안 되네."라기보다 "적금 드는 것보다는 잘했구나. 잘 선택했다." 쪽에 가깝습니다.

상호저축은행과 같이 이자율이 상대적으로 높지 않은 일반 은행의 적금으로 비교해 봅시다. ㅇㅇ은행, 1년 만기 적금 이자율 5.0%, 세금우대시 실질 이자율 4.52%라는 상품이 있다면, 이와 동일한 적립식펀드의 수익률은 2.5%입니다. 적립식펀드라는 상품으로 2.5%의 수익률 이상만 기록할 수 있다면 "적금을 가입한 것보다 적립식펀드를 선택하길 더 잘 했구나."라고 생각하면 됩니다.

펀드 수수료를 이해하라

수수료의 차이가 수익의 차이

Q19 이제 막 펀드를 시작하려고 이것저것 알아보고 있습니다. 알아보던 중 수수료라는 게 있던데요. 종류도 여러 가지던데, 각각 그 내용들이 무엇인지, 가입할 때 체크해야 할 부분은 어떤 것인지 궁금합니다.

A 펀드라는 상품은 주식처럼 직접 거래를 하는 것이 아니라 펀드에 투자하는 투자자의 돈을 전문가가 대신 관리해 줍니다. 이렇게 본인의 돈을 대신 관리해 주는 전문가에게 관리비 명목으로 약간의 팁을 준다고 생각하면 됩니다. 우선 수수료를 이해하기에 앞서 펀드라는 상품에 연관되는 회사들에는 어떤 것들이 있는지 알아보겠습니다.

1) 펀드와 관련된 회사의 종류

운용회사
펀드를 만들고 펀드의 자금을 직접 관리하는 회사입니다.

판매회사

은행이나 증권회사처럼 투자자가 펀드에 가입하기 위해 찾아가는
회사입니다.

수탁회사

수백 명, 수천 명이 펀드에 투자하게 되면 하나의 펀드에 모아지
는 자금의 크기가 상당해집니다. 이런 거액의 자금을 운용회사에서
직접 보관할 수는 없기 때문에 다시 거래 은행에 맡깁니다. 즉 이 돈
을 맡아서 보관해 주는 회사로 은행이 이 역할을 하게 됩니다.

2) 수수료의 종류

판매수수료

만약 Q19 의뢰인이 편의점에서 700원짜리 라면을 하나 샀다고
칩시다. 이 편의점은 라면 값의 10% 정도인 70원의 이익을 얻습니
다. 이 편의점이 라면을 하나 판 대가로 취하는 이익입니다. 펀드
거래도 비슷합니다. 운용회사에서 펀드를 만들었는데 펀드에 가입
하는 투자자를 모집할 수 없다면 그 펀드는 무용지물이 될 것입니
다. 따라서 펀드를 팔아주는 회사가 필요합니다. 은행이 될 수도 있
고, 증권회사가 될 수도 있습니다. 이처럼 펀드를 팔아주는 대가로
지급하는 수수료, 혹은 펀드에 가입하는 사람이 손쉽게 가입할 수
있도록 서류처리를 해주는 회사에 주는 수고비입니다.

운용수수료

펀드에 일정 금액 이상의 자금이 모아지게 되면 운용회사에서는 고객들이 맡긴 돈에 수익률이 잘 날 수 있도록 운용을 하게 됩니다. 이번에는 S라는 회사의 주식이 올라갈 것 같으니 조금 더 사자, 이번 달에는 L이라는 회사의 실적이 별로이니 주식을 조금 팔자, 요즘 주식시장이 불안하니 채권의 비중을 높여서 고객의 수익률이 악화될 것을 막자는 등 이런 형태로 운용을 하게 됩니다.

이렇게 매일 매일 투자하는 회사의 상황을 점검하고 분석하고, 투자할지 말지 결정함으로써 귀한 내 돈을 잘 굴려주는 사람에게 주는 수고비가 바로 운용수수료입니다.

사무수수료

펀드를 운용하는 운용회사에서 일하는 직원들이 수십 명 또는 수백 명이 있을 것입니다. 이들 또한 내가 맡긴 돈이 잘 투자되고 잘 관리될 수 있도록 도와주는 사람들입니다. 사무수수료는 이들에게 주는 수고비입니다.

수탁수수료

펀드에 모아진 돈을 운용회사에서 관리하기 힘들고 위험하므로 안전한 은행에 다시 맡기게 됩니다. 즉 안전을 담보로 은행에 맡기는 비용입니다.

3) 수수료의 부과 주기

펀드에 가입함과 동시에 발생하는 수수료는 언제 부과될까요? 답은 매일 부과됩니다. 내가 투자한 자금의 잔액을 매일 정산하여 남아 있는 잔액에 대해 매일 수수료를 부과합니다. 펀드 수수료가 2.5%라면 2.5%/365일=0.0068%씩 떼 갑니다.

아래의 예를 보십시오.

투자액: 100만원

투자기간: 2008년 7월 18일~2008년 7월 29일

펀드 수수료: 연 2.6%

펀드 예시: 국내 인덱스형펀드

기간	날짜	종합주가	실질투자금액	매입좌수	평가금액 (수수료전)	운용수수료	평가금액 (수수료후)
1	2008.07.18	1509.09	1,000,000원	662.26	1,000,000원	71원	999,929원
2	2008.07.21	1562			1,034,444원	74원	1,034,370원
3	2008.07.22	1561			1,033,782원	74원	1,033,708원
4	2008.07.23	1591.76			1,054,153원	75원	1,054,078원
5	2008.07.24	1626.14			1,076,921원	77원	1,076,844원
6	2008.07.25	1597.93			1,058,239원	75원	1,058,163원
7	2008.07.28	1598.29			1,058,477원	75원	1,058,402원
8	2008.07.29	1567.2			1,037,888원	74원	1,037,814원

종합주가의 변동에 따라 가입자의 펀드 잔액인 평가금액의 규모 또한 조금씩 매일 바뀝니다. 자료의 맨 오른쪽 수치가 수수료를 부과하는 현황입니다. 평가금액이 바뀌는 것과 비슷한 규모로 수수료

의 크기도 바뀝니다. 매일 약 70원에서 많게는 77원까지 부과하게 됩니다. 이 금액을 합산하면 8일간 595원의 수수료가 발생합니다.

4) 수수료의 부과 방식

우선, 펀드에 가입할 때 부과되는 수수료에 대해 알아봅시다. 만약 당신이 펀드에 가입하러 은행이나 증권회사에 가면, 먼저 펀드를 골라서 결정하고 가입하려고 할 때 담당자가 항상 물어보는 질문이 있습니다.

"선취로 하겠습니까? 아닌 것으로 하겠습니까?"

총 수수료가 2.6%인 펀드가 있고, 이 펀드에 100만원을 투자한다고 가정할 때 1%의 선취 수수료를 선택한다면 실제로 펀드에 투자되는 돈은 1%를 제한 99만원이 됩니다. 이것이 'Class A' 입니다.

반면에 선취가 아닌 수수료를 선택한다면 100만을 투자할 때 100만원 모두 펀드에 투자되는데 이것이 'Class C' 입니다.

총수수료 2.6% 중 Class A를 선택한다면 1% 선취를 제하고, 운용수수료 1.6%가 투자한 돈의 잔액에서 매일 부과되는 것입니다. 만약 Class C를 선택한다면 2.6%가 부과됩니다.

한편, 펀드를 처분할 때 부과되는 수수료는 환매수수료라고 합니다. 즉, 펀드를 가입할 당시 책정했던 만기가 아닌 시기에 펀드를 처분할 경우 발생하는 수수료입니다. 일반적으로 3개월인 90일에 대해서 환매수수료의 부과 기간이 결정됩니다.

펀드 가입자가 부담하는 비용		내용	Class A	Class C	Class C-e
수수료	선취수수료	펀드 가입 시점에 미리 내는 비용	1%	없음	없음
	환매수수료	계약 만기 이전에 환매할 경우 내는 비용	30일 미만 이익금의 70% 30~90일 미만 이익금의 30%	90일 미만 이익금의 70%	
보수 및 비용	운용보수	자산운용회사에 펀드 운용 대가로 지급하는 비용	0.90%	0.90%	0.90%
	판매보수	은행, 증권사 등 펀드 판매사들에 내는 비용	0.86%	1.70%	1.45%
	수탁보수	펀드의 자금을 보관해 주는 대가로 수탁회사인 은행 등에 지급하는 돈	0.06%	0.06%	0.06%
	사무보수	펀드 관련 사무에 지급하는 비용	0.03%	0.03%	0.03%
합산비용		연간 펀드에 드는 비용	2.85%	2.69%	2.44%

2008년 5월 20일에 목돈을 투자한, 즉 거치식펀드에 100만원을 가입했고 2008년 8월 20일에 펀드를 환매한다면, 펀드에 가입한 지 90일이 지났으므로 환매수수료는 부과되지 않습니다. 하지만 만약 같은 시기에 가입하여 2008년 8월 10일에 수익률이 10% 발생했고, 이때 펀드를 환매하려 한다면 이익금의 70%인 7만원을 환매수수료로 부과하게 됩니다. 10%의 수익률이 났다면 110만원을 받는 것이 원칙이지만 90일 이전에 환매했으므로 103만원을 수령하게 되는 것입니다.

만약 적립식으로 투자했고, 만기가 아닌 시기에 펀드를 환매하려 한다면 환매하기 직전 3개월 동안 투자했던 금액 중 수익금이 발생한 부분에 대해서 30~70%의 환매수수료를 부과하게 됩니다.

5) 자신에게 맞는 수수료 형태를 찾아라

예를 들겠습니다.

투자기간: 3년(2002년 5월~2005년 4월)
매월 투자금액: 100만원
펀드 유형: 종합주가에 그대로 영향 받는 인덱스펀드
펀드 수수료: 2.6%
Class A(선취형): 선취수수료 1%, 운용수수료 1.6%
Class C: 선취수수료 0%, 운용수수료 2.6%

다음의 표는 위의 조건에서 수수료 부과 방식이 선취형과 그렇지 않은 형태로, 같은 기간 동안 수익률의 변화를 나타낸 자료입니다. 매월 똑같이 100만원을 투자했지만, 실제로 투자되는 자금은 Class A일 경우 99만원이고, Class C일 경우 매월 100만원씩 투자가 이루어집니다. 색깔로 표시되는 시점인 투자기간 24개월까지는 Class C 투자 방식 수익금이 더 높게 기록되죠. 하지만 2년 이후부터는 Class A가 더 높은 수익률을 기록합니다.

만기를 3년으로 책정하지 않은 상태에서 3년 되는 시점에 환매를 할 경우, Class C는 34~36개월 구간인 90일 동안의 투자액에 대해서 환매수수료 70%가 부과됩니다. 반면 Class A 경우에는 34~35개월 구간은 30%, 36개월 구간은 70%의 환매수수료를 부과하게 됩니다.

3년간 국내 종합 주가 상황 그래프

기간	날짜	종합주가	Class C		Class A	
			실제투자액	평가금액 (수수료후)	실제 투자액	평가금액 (수수료후)
1	2002.05.31	796.4	1,000,000원	997,800원	990,000원	988,713원
2	2002.06.29	742.72	1,000,000원	1,926,145원	990,000원	1,909,496원
3	2002.07.31	717.89	1,000,000원	2,855,226원	990,000원	2,831,842원
4	2002.08.30	736.4	1,000,000원	3,920,502원	990,000원	3,889,978원
22	2004.02.27	883.42	1,000,000원	27,369,020원	990,000원	27,336,516원
23	2004.03.31	880.5	1,000,000원	28,213,069원	990,000원	28,197,850원
24	2004.04.30	862.84	1,000,000원	28,569,543원	990,000원	28,576,859원
25	2004.05.31	803.84	1,000,000원	27,504,282원	990,000원	27,547,457원
32	2004.12.31	895.92	1,000,000원	37,872,785원	990,000원	38,019,603원
33	2005.01.31	932.7	1,000,000원	40,388,927원	990,000원	40,547,808원
34	2005.02.28	1,011.36	1,000,000원	44,810,485원	990,000원	44,966,405원
35	2005.03.31	965.68	1,000,000원	43,619,708원	990,000원	43,827,818원
36	2005.04.29	911.3	1,000,000원	41,977,718원	990,000원	42,241,153원

자신에게 맞는 수수료를 찾아라

첫째, 목표가 2년 이상일 경우에는 선취형(Class A)으로 가입하는 것이 유리하다.

둘째, 펀드의 만기는 1년 혹은 2년 단위로 짧게 책정하는 것이 좋다. 그리고 필요하면 1년마다 연장하라.

셋째, 같은 운용회사의 이름이 동일한 펀드라면 수수료가 저렴한 인터넷 전용 펀드로 가입하는 것이 유리하다.

나는 어디에 투자해야 하나?

펀드의 종류와 맞춤형 펀드

Q20 안녕하세요. 저는 매달 여윳돈이 50만원 정도 생깁니다. 이제까지 은행 적금만 활용하다 펀드상품에 투자해 볼까 생각하고 나름대로 펀드에 대해 공부하고 있습니다만, 처음이라 어렵네요. 상품이 너무 많아서 어떤 기준으로 펀드를 골라야 할지, 그리고 저의 상황에 꼭 맞는 펀드는 어떤 것이 있는지 궁금합니다. 펀드의 종류에 대해서 알려 주세요.

A 우선 펀드라는 상품의 기본에 대해 인지해야 합니다. 간략하게나마 펀드의 종류와 특징에 대해 설명하겠습니다.

1) 주식과 채권의 비중에 따른 분류

주식투자 비중	주식형	주식의 비율이 60% 이상인 펀드
	혼합형	주식의 비율이 60% 미만, 나머지는 채권으로 운용하는 펀드
	채권형	채권으로만 운용하는 펀드

일반적으로 채권은 주식보다 안전한 자산입니다. 그러므로 주식의 비중이 높아지면 높아질수록 위험성 역시 높아진다고 판단하면

됩니다. 즉, 채권형에서 주식형으로 갈수록 위험성이 높아지는 것입니다. 하지만 위험성이 높아질수록 그만큼 수익이 더 높아질 가능성도 있습니다.

2) 회사 규모에 따른 분류

회사 규모	**대형주**	국내에 상장된 기업 중 규모가 100위 이내의 기업 주식으로 운용하는 펀드
	중형주	규모가 101~300위 이내의 기업 주식으로 운용하는 펀드
	소형주	301위 초과하는 기업 주식으로 운용하는 펀드

① △△대형주펀드 주식: 삼성전자, POSCO, 현대건설, GS건설, LG전자 등
② ○○소형주펀드 주식: 서부트럭터미널, 화천기공, 송원산업, 대웅화학 등

대형주펀드는 ①의 예처럼 우리나라 사람이라면 누구나 알 만한 대기업들을 주로 편입하여 운용하는 펀드입니다. 대형주펀드 투자자는 "안전하다." 또는 수익도 안정적으로 잘 나겠지."라는 심리로 투자하는 것입니다.

반면 소형주펀드는 ②의 예처럼 많이 들어 보지 못한 기업들이 대부분입니다. 하지만 기업의 안정성 면이나 향후 성장 가능성 면에서는 탄탄함을 자랑하고 있는 경우가 많습니다. 소형주펀드 투자자의 심리는 "규모가 작아서 위험하다고 생각할 수 있지만, 자세히 알고 보니 탄탄하구나. 나중에 많이 클 수 있는 기업일 거야."인 경우가 대부분입니다.

3) 스타일에 따른 분류

스타일	성장주	재무구조가 우량하고 성장 가능성이 큰 주식에 투자하는 펀드
	가치주	경기변동에 영향이 적은 내재가치가 우량한 주식에 투자하는 펀드
	배당주	배당성향이 좋은 주식에 투자하는 펀드
	공모주	증시에 새로 상장하는 기업 주식에 투자하는 펀드

① ◇◇성장주펀드 주식: 삼성전자, POSCO, 현대건설, GS건설, LG전자 등
② △△가치주펀드 주식: 서부트럭터미널, 화천기공, 송원산업, 대응화학 등
③ ○○배당주펀드 주식: 삼성전자, 한국전력, SK텔레콤, 한국가스공사 등
④ ㅁㅁ공모주펀드의 주식: ⋯⋯

①, ②는 회사 규모에 따른 분류에서의 대형주와 소형주 구분과 거의 흡사합니다. 비슷한 기준으로 분류되는 것이 반드시 맞지는 않습니다만, 비슷한 방향이라고 판단하면 쉽습니다.

배당주펀드는 배당을 많이 주는 기업 주식을 모아놓은 펀드입니다. 배당이란 기업이 1년 동안 벌어들인 수익금을 주식을 가진 주주에게 나누어주는 제도입니다. 대체로 현금 보유 비중이 높은 기업인 경우가 많아 안정적인 수익을 예상할 수 있는 펀드입니다.

공모주펀드는 증시에 새로 상장되는 기업의 주식에 투자합니다. 일반적으로, 그러한 기업에 대한 정보를 개개인이 확인하고 청약에 나서기란 쉽지가 않습니다. '증시에 새로 상장된다' 라는 의미는 '앞으로 성장 가능성이 그만큼 높다' 는 것을 의미하기도 합니다. 이렇게 성장 가능성이 많은 주식을 펀드에 투자함으로써 개인적인 수고도 덜고, 공모주가 가진 수익성도 얻을 수 있는 펀드입니다.

4) 투자 지역에 따른 분류

투자지역	국내	한국의 주식이나 채권에 투자하는 펀드
	해외	해외의 주식이나 채권에 투자하는 펀드(한국이 포함되는 경우도 있음)

요즘엔 펀드의 투자 지역이 국내에만 국한되지는 않습니다. 중국, 러시아, 일본, 유럽, 남미, 중동 등과 같이 전 세계의 국가에 다양하게 투자를 할 수 있습니다.

펀드, 시간에 투자하라
투자기간과 수익의 상관관계

Q21 안녕하세요. 30대 주부입니다. 주위 사람들로부터 재테크에는 펀드가 좋다고 하도 조언을 많이 들어서 적립식펀드에 몇 개 가입했습니다. 처음 펀드에 투자하는 데다 왠지 불안하기도 해서 해외펀드가 아닌, 우리나라 것으로 몇 개 가입했습니다. 처음이라 높지 않은 금액으로 2007년 초에 가입했죠. 못해도 2년은 넘게 투자해야 한다고 해서 2년 만기 적립식펀드로 세 개 가입했습니다. 그런데 최근에 계좌 확인을 해보니 수익률이 −15% 가까이 되더군요. 불안합니다. 어쩌죠?

A 금융상품 투자시 가장 중요한 부분은 '시간'입니다. 1년 만기 적금에 가입했다면 1년이라는 시간에 도달할 때까지 꾸준하게 납입을 유지하는 것이 가장 중요하죠. 펀드 투자도 마찬가지라고 생각합니다. 2년 뒤를 내다보고 펀드를 시작했다면 그 2년이란 시간에 도달할 때까지 꾸준하게 투자를 유지하는 것이 중요하죠. 물론 시장 상황에 적절히 대처하며 관리하는 것도 중요합니다.

펀드 투자를 할 때 명확한 목적 자금 마련 계획과 필요한 금액이 산출되고, 투자기간과 월 투자액, 그리고 금융상품이 확정되었다면, 그

목표한 기간이 올 때까지 중간에 어떤 일이 발생하더라도 흔들리지 말고 '이것만은 건드리지 말자'라는 굳은 인내심으로 참고 또 참는 것이 중요합니다.

예를 하나 들어 보겠습니다.

1999년 이후 국내 경제를 포함하여 국내 주가의 상황이 상당히 불안하던 시절이 있었습니다. 몇 년간 국내 경제가 많이 힘들었죠. 이 시절의 국내 종합주가에 대한 펀드상품의 수익률이, 바라보는 시각과 투자기간(시간)의 넉넉함으로 인해 어떻게 바뀌는지 파악해보면 아래와 같습니다.

상황A (1999년 12월~2001년 9월)

투자기간: 1999년 12월~2001년 9월 말(약 2년)

매월 투자액: 100만원

투자상품: 국내종합주가 인덱스펀드(가상의 인덱스펀드)

총 투자액: 2,200만원

수익률: −27.97%

총 수령액: 약 1,584만원

손실액: 약 615만원

상황B (1999년 12월~2002년 4월)

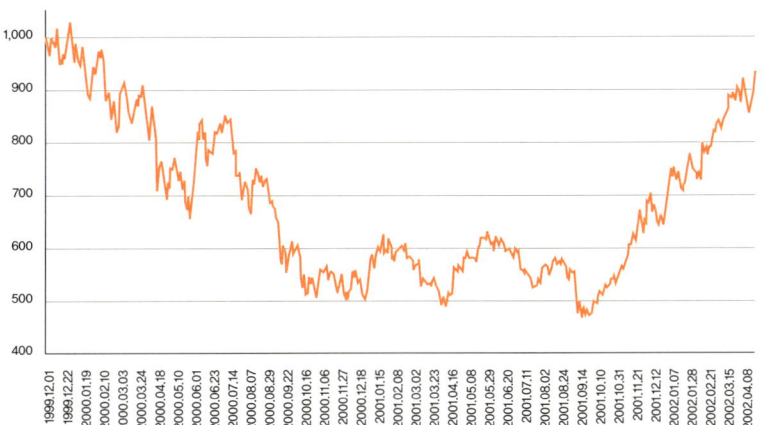

총 투자액: 2,900만원

수익률: 38.95%

총 수령액: 약 4,029만원

수익액: 약 1,129만원

    A와 B는 펀드를 시작한 시기가 1999년 12월로 같습니다. 그런데 두 상황에서 −615만원과 +1,129만원으로 상당한 수익 차이가 발생했습니다. 단지 B가 7개월이란 시간을 더 참고 기다린 효과 때문입니다. 투자에 있어서 시간이란 적이 될 수도 있지만, 지원군이 될 수

도 있습니다. 2008년 8월 현재의 시점에서 조금씩 과거로 가 볼까요? 아래의 자료는 과거 일정 시점부터 매월 100만원씩 가상의 인덱스펀드(국내종합주가에 투자)와 국내 펀드 중 유형별(성장주, 소형가치주, 배당주, 혼합형, 채권형)로, 3~4개의 실제 펀드의 수익률 평균치를 투자기간별로 계산한 자료입니다.

투자기간 1년 동안의 수익률 현황

유형: 적립식펀드

투자시기: 2007년 8월 27일~2008년 8월 25일

	유형	투자원금(원)	수익률	연평균수익률	투자손익(원)	총수익금(원)
주식형	인덱스펀드	12,000,000	-15.75%	-15.75%	-1,888,798	10,111,202
	대형성장주펀드		-16.50%	-16.50%	-1,980,000	10,020,000
	소형가치주펀드		-12.50%	-12.50%	-1,500,000	10,500,000
	배당주펀드		-14.30%	-14.30%	-1,716,000	10,284,000
혼합형	혼합형펀드		-8.70%	-8.70%	-1,044,000	10,956,000
채권형	채권형펀드		2.33%	2.33%	279,600	12,279,600

날짜	종합주가	투자금액(원)	매입좌수
2007.08.27	1803.03	1,000,000	554.62
2007.09.27	1945.28	1,000,000	514.06
2007.10.26	2028.06	1,000,000	493.08
2007.11.27	1859.79	1,000,000	537.70
2007.12.27	1908.62	1,000,000	523.94
2008.01.28	1627.19	1,000,000	614.56
2008.02.27	1720.89	1,000,000	581.09
2008.03.27	1676.24	1,000,000	596.57
2008.04.28	1823.17	1,000,000	548.50
2008.05.27	1825.23	1,000,000	547.88
2008.06.27	1684.45	1,000,000	593.67
2008.07.28	1598.29	1,000,000	625.67
2008.08.25	1502.11 ←----- 펀드 환매 시 기준가격		
수익률	−15.74%	투자원금	12,000,000원
연평균수익률	−15.74%	총수익금	10,111,202원

투자기간 2년 동안의 수익률 현황

유형: 적립식펀드

투자시기: 2006년 8월 27일~2008년 8월 25일

	유형	투자원금(원)	수익률	연평균수익률	투자손익(원)	총수익금(원)
주식형	인덱스펀드	24,000,000	-7.32%	-3.66%	-1,757,412	22,242,588
	대형성장주펀드		0.22%	0.11%	53,520	24,053,520
	소형가치주펀드		0.72%	0.36%	172,800	24,172,800
	배당주펀드		0.52%	0.26%	124,800	24,124,800
혼합형	혼합형펀드		-0.55%	-0.28%	-132,000	23,868,000
채권형	채권형펀드		4.95%	2.48%	1,188,000	25,188,000

투자기간 3년 동안의 수익률 현황

유형: 적립식펀드

투자시기: 2005년 8월 27일~2008년 8월 25일

	유형	투자원금(원)	수익률	연평균수익률	투자손익(원)	총수익금(원)
주식형	인덱스펀드	36,000,000	0.67%	0.22%	240,713	36,240,713
	대형성장주펀드		14.19%	4.73%	5,108,400	41,108,400
	소형가치주펀드		7.18%	2.39%	2,584,800	38,584,800
	배당주펀드		12.66%	4.22%	4,557,600	40,557,600
혼합형	혼합형펀드		8.50%	2.83%	3,060,000	39,060,000
채권형	채권형펀드		7.81%	2.60%	2,811,600	38,811,800

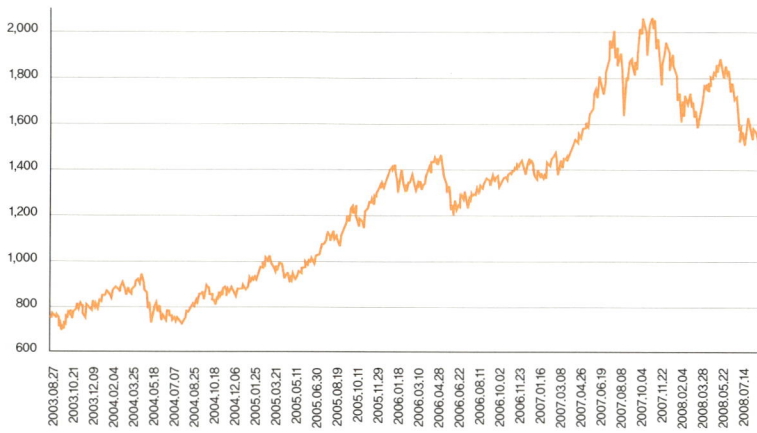

유형		투자원금	수익률	연평균수익률	투자손익	총수익금
주식형	인덱스펀드		30.53%	6.11%	18,316,071	78,316,071
	대형성장주펀드		57.14%	11.43%	34,284,000	94,284,000
	소형가치주펀드	60,000,000				
	배당주펀드		52.80%	10.56%	31,680,000	91,680,000
혼합형	혼합형펀드		34.30%	6.86%	20,580,000	80,580,000
채권형	채권형펀드		11.76%	2.35%	7,056,000	67,056,000

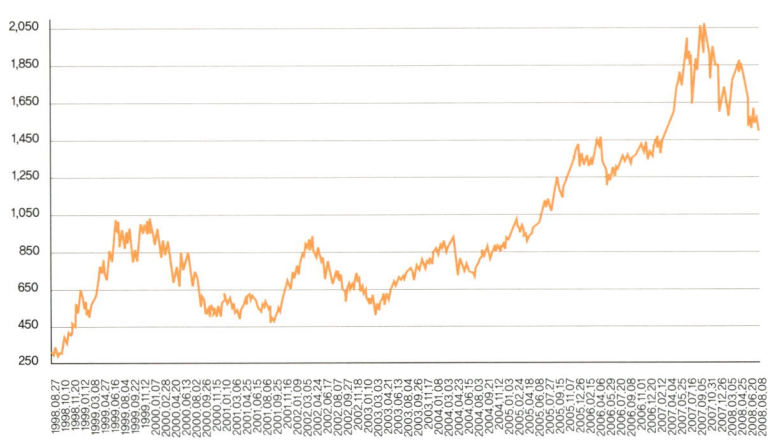

유형		투자원금(원)	수익률	연평균수익률	투자손익(원)	총수익금(원)
주식형	인덱스펀드		84.03%	12.00%	70,583,022	154,583,022
	대형성장주펀드		?	?	?	?
	소형가치주펀드	84,000,000	?	?	?	?
	배당주펀드		?	?	?	?
혼합형	혼합형펀드		?	?	?	?
채권형	채권형펀드		?	?	?	?

투자기간 5년 동안의 수익률 현황

유형: 적립식펀드

투자시기: 2003년 8월 27일~2008년 8월 25일

투자기간 10년 동안의 수익률 현황

유형: 적립식펀드

투자시기: 1998년 8월 27일~2008년 8월 25일

10년이란 투자기간에 대해 일반주식형펀드(대형성장주펀드, 소형가

치주펀드, 배당주펀드······)의 수익률은 어떻게 변할까요?

채권형펀드의 연평균 수익률은 시간의 흐름에 따른 변화가 거의 없습니다. 연평균수익률은 2.3~2.6%로 일정한 수익률을 기록하고 있습니다. 반면 주식형펀드의 경우는 투자기간이 길어질수록 수익률이 꾸준히 상승하고 있습니다. 가상의 인덱스펀드와 비교했을 때 투자기간이 길어질수록 일반주식형펀드의 수익률이 더 높게 나타납니다. 물론 과거의 수익률이 향후 미래의 수익률에 그대로 반영되는 것은 아닙니다. 하지만 재무설계를 하는 데 있어서 투자기간(시간)을 고려한 금융상품 선택 기준은 될 수 있습니다. 즉, 현재를 기점으로 개별적인 재무계획들이 가진 투자기간이 넉넉하다면 금융상품의 선택 방향은 안정성(예·적금, 채권······)보다는 공격성(주식형펀드, 변액상품)에 더 많은 비중을 두고 책정해야 한다는 것입니다.

예를 들어,

– 주택마련을 위해 3년 이상의 투자기간이 필요하다면
– 자녀교육자금 마련을 위해 10년 이상의 투자기간이 필요하다면
– 노후대비자금 마련을 위해 20년 이상의 투자기간이 필요하다면

당신의 금융상품 원칙은 분명 조금 더 공격적이어도 됩니다.

CHAPTER 04

목표에 따라
재무계획 호전시키기

충분한 예비자금을 확보하라

주택 마련을 위한 계획을 수립하라

자녀 교육자금 마련을 위한 계획을 수립하라

노후대비를 위한 계획을 수립하라

충분한 예비자금을 확보하라

가계의 숨통을 틔는 예비자금 비축 전략

Q22 안녕하세요. 맞벌이 부부입니다. 월수입은 부부 합산하여 400만원이고, 생활비, 용돈 경조사비, 보험료, 대출상환 등으로 매월 230만원 정도 지출하고 있습니다. 거기에 더해 1년 만기 적금 150만원, 적립식펀드에 10만원을 투자하고 있습니다. 현금은 은행예금에 2,000만원 정도 있습니다. 그 예금은 3개월 후 오를 전세금으로 써야 합니다. 남들은 어디서 정보를 얻는지 몰라도 적립식펀드도 여러 가지로 많이 활용하더라고요. 간혹 저에게도 "적금에 붓지 말고 펀드를 조금 더 해라.", "CMA도 괜찮으니 월급통장도 CMA로 바꿔라."며 조언을 하는 사람들이 있습니다. 그런데 펀드에 대해 아는 게 별로 없어서 그런지 왠지 불안하기도 하고, 3년 넘게 해야 한다고 해서 부담도 됩니다. 어떻게 해야 할까요?

A 금융상품에 대한 충분하고 객관적인 정보와 이해가 부족하기 때문에 투자기간이 긴 펀드의 활용, 노후를 위한 장기투자 등과 같은 새로운 무언가에 투자한다는 것에 부담감이 있는 것 같습니다. 이에 더하여 투자기간이 긴 금융상품에 대한 거부감도 있는 것 같습니다. 가장 큰 문제점은 금융상품 활용에 대한 정보의 부족입니다.

이에 더하여 넉넉한 예비자금을 확보하지 않은 상황에서 막연한 미래에 대한 불안감도 한몫 합니다.

펀드와 같은 금융상품을 선택하기에 앞서 월급 통장의 활용 전략과 넉넉한 예비자금 확보의 필요성에 대해 공부하는 과정이 선행되어야 합니다.

1) 월급통장 및 긴급예비자금 계좌의 특징

월급통장 및 예비자금 통장으로 활용 가능한 금융상품

구분	월급통장	CMA	CMA-RP	설명
금융회사	은행	종금사	증권사	
이체 수수료 면제	계좌로 월급 이체시	계좌로 월급 이체시 적립식펀드 자동이체시 (상품해지 및 3개월 미납시 수수료 부과)		인터넷뱅킹, 모바일뱅킹, 폰뱅킹 (당행, 타행)
현금인출 수수료면제 (CD/ATM)	계좌로 월급 이체시 (영업시간 내외 모두)	-가입 금융회사 ATM 이용시 무료 -연계 계좌로 등록된 은행 이용시 무료 (영업시간 외 출금 시 유료인 것도 있음)		ATM기기 현금 인출 (당행)
대출금리 인하	0.2%~0.5%	없음		신용대출, 주택담보대출 신규시 우대
수익률	0.1%~0.2%	4.7%~6.0% (기간에 따라 다름)	5.0%~5.3% (회사별로 다름)	조건에 따라 다름
카드대금결제	가능	일부 카드는 불가능(회사별로 다름)		
공과금이체	가능	해당기관에서 별도로 신청해야 가능		
보험료납부	가능	초회는 불가능, 2회차 이후부터 가능		

일반적으로 월급통장과 긴급예비자금 통장은 같은 성격과 조건을 갖는 경우가 많습니다. 금융상품 및 공과금, 핸드폰 요금 등의 결제

통장으로 활용되죠. 위의 자료는 은행의 일반 월급통장과 종금사나 증권회사의 CMA 상품의 일반적인 특징입니다.

활용시 편리성

월급통장과 긴급예비자금 통장을 활용할 때 중요사항 중 하나는 현금 입출금의 편리성과 수수료 혜택입니다. 월급통장과 CMA 상품 모두 위의 기본적인 조건들을 충족할 때 대부분의 금융상품에서 수수료가 면제됩니다. 단, CMA 상품의 경우 공과금이나 보험료 등과 같은 요금의 자동이체를 신청하면 조금 번거로운 절차를 거쳐야 하는 불편함이 있습니다.

대출 금리 혜택

살다 보면 대출을 활용해야 할 때가 반드시 있습니다. 갑자기 돈이 필요할 때 마이너스통장을 활용해야 하거나, 집 장만을 하기 위해 대출을 받아야 할 때 등입니다. 이렇게 대출을 받아야 할 상황이 발생하면 일반적으로 시중은행을 이용하게 됩니다. 시중은행에서 대출을 받을 때, 해당은행에 월급통장이 있을 경우 대출 금리 인하 혜택이 있는 월급통장이 있습니다. 마이너스대출을 포함한 신용대출의 경우 0.2% 수준으로, 담보대출의 경우 0.5% 수준까지 이자율을 인하해 줍니다. 인하의 비율이 그다지 높지는 않지만, 이와 같은 작은 이자율 인하 혜택이 대출의 부담을 상당히 경감시켜 줄 수도 있습니다.

수익률의 차이

모 금융회사의 CMA 상품 수익률 (2008년 7월 기준)

CMA 예상 수익률					CMA-RP 약정 수익률
예탁기간	1~30일	60일	90일	180일	365일	1~180일
예상금리(세전)	4.70%	4.90%	5.10%	5.40%	6.00%	5.35%

CMA-RP는 국공채 및 은행채 등에 투자하여 비교적 안전하면서도 단기 고수익이 가능한 상품입니다. 일반 은행의 수시입출예금은 연 0.1%~0.2% 정도의 금리를 제공하지만 CMA의 경우는 4.7%~6.0%(기간별로 다름) 정도의 이자를 지급합니다. 1년에 500만원을 넣어둔다면 은행의 수시입출예금은 5,000원~1만원의 이자를 지급하지만, CMA는 19~25만원 정도의 이자수익을 올릴 수 있죠.

돈을 모으는 기본이 자투리 돈을 꼼꼼히 관리하는 데서 시작한다고 할 때 조그마한 돈이라도 의미 없이 예치하는 것보다는 CMA와 같은 상품에 예치하는 것이 바람직합니다. 즉, 월급통장이나 6개월 미만의 단기성 자산은 은행의 수시입출예금에 묶어두는 것보다 CMA계좌를 활용하는 것이 유리합니다.

어떤 상품을 선택해야 하는가?

대출금리 인하 및 예금 금리의 혜택을 고려할 때에는 은행의 월급통장이 바람직하죠. 하지만 외적인 기준인 수익률과 기타 기능 등을 고려할 때에는 은행의 월급통장보다는 CMA 계좌를 활용하는 것이 바람직해 보입니다.

당신이 미혼일 경우에는 월급통장 및 긴급예비자금 통장은 CMA

계좌를 활용하십시오. 그리고 월평균 생활비 관리 계좌와 긴급예비자금 비축 계좌, 두 개의 통장을 개설하십시오.

당신이 만약 기혼일 경우에는 은행의 월급통장 한 개와 CMA 계좌를 모두 활용하는 것이 좋습니다. 월급통장은 은행의 거래실적을 높이기 위한 계좌로, 그리고 CMA 계좌에서 하나는 월평균 생활비 관리 계좌로, 다른 하나는 긴급예비자금 비축 계좌로 활용하도록 합니다.

2) 긴급예비자금의 필요성

갑작스런 미래에 대한 대비

미래에 어떤 일이 벌어질지 모르는 것이 인생입니다. 앞으로 어떤 일이 벌어질지 안다면 사람 사는 재미가 없을 수도 있을 것입니다. 미래에 좋은 일만 있으면 다행입니다만, 그렇지 않은 것이 또한 우리 인생입니다.

특히 갑자기 돈이 필요한 상황이 발생하기 마련인데 이에 대비하기 위한 계획이 바로 긴급예비자금의 확보입니다.

예를 들면, 가족 중 누군가가 아파서 병원치료를 받을 수도 있습니다. 소리 없이 다가오는 경조사도 있습니다. 일정하게 책정해 놓은 경조사비보다 훨씬 많은 금액을 지출해야 할 상황도 있을 것입니다. 혹은 갑작스레 월수입이 끊기는 상황을 겪을 수도 있습니다.

이와 같이 예측하지 못한 미래의 갑작스런 비용 지출에 대비하기 위해 긴급예비자금을 충분히 준비해 놓아야 합니다.

적금, 펀드, 주식 등 금융상품 관리시 여유 확보

투자기간이 긴 금융상품에 부담을 느끼는 사람들이 상당히 많습니다. 1년 만기와 같이 짧은 투자기간에는 그런 부담감이 덜해질 수 있겠지만, 3년 만기 적립식펀드, 7년 만기 장기주택마련저축, 10년 이상의 노후대비연금 등과 같이 만기가 길어질수록 '이 상품을 만기까지 유지할 수 있을까?'라는 부담을 갖게 됩니다.

이런 부담을 갖는 이유는 무엇일까요? '혹 2년 만기 적금을 들었는데 만기 전에 목돈이 필요하면 어떻게 하지? 적금을 깨면 손해라던데……', '목돈이 필요한데 어쩌지? 3년 만기로 적립식펀드 가입한 걸 깰까? 마침 펀드의 수익률도 안 좋네. 어떻게 할까?' 등 여러 가지 이유가 있을 것입니다. 만약 발생할지 모르는 목돈 지출에 대해 최소한의 예비금을 갖춰 놓은 상태라면, 이런 투자기간이 긴 상품을 좀더 여유로운 마음으로 관리할 수 있게 됩니다.

3) 긴급예비자금의 적정 규모

매월 고정적으로 납입해야만 하는 보험료, 대출상환금, 생활비(식료품비, 교통비, 통신비 등), 평균 경조사비, 연체하면 불이익이 발생하는 각종 불입금(자동차세, 과태료, 카드) 등은 갑작스런 상황이 발생하거나, 혹은 소득을 상실하더라도 계속 지출될 수밖에 없는 부분입니다. 이러한 '생계비용'을 월지출에서 계산해 보세요. 긴급예비자금으로는 보통 3~6개월 정도의 생활비가 적당합니다. 외국의 경우는 6개월 수준으로 관리하는 것이 보편화되어 있지만 우리나라의 경우 3개월 수준이 일반적입니다.

　Q22 의뢰인의 경우 현재 여유자금의 규모가 2,000만원+α(적금, 펀드) 정도 입니다. 하지만 2,000만원은 추가 전세자금을 위해 사용해야 하는 자금입니다. 매월 정기 지출(230만원)을 감안할 때 적정 수준의 긴급예비자금은 최소한 2~3배 규모인 460~690만원 정도 입니다. 만약 위 예비자금 비축이 힘든 상황이라면 현재의 투자인 적금 및 적립식펀드의 투자를 한 달 정도 멈추는 전략도 괜찮습니다. 그리고 그 한 달이란 시간을 실질적인 재무계획을 수립하고 충분한 금융상품에 대한 정보를 획득하는 시간으로 활용한다면 향후 Q22 의뢰인의 가계를 더 효율적으로 관리할 수 있을 것입니다.

주택 마련을 위한 계획을 수립하라

주택청약 상품과 대출상환 계획

Q23 30대 초반 신혼 맞벌이 부부입니다. 첫 살림은 전셋집에서 시작했습니다. 앞으로 집 장만하는 것이 우리 가정의 최대 꿈입니다. 그런데 걱정이네요. 집값은 계속 오르고 전세에 계속 사는 것이 손해라는 생각이 자꾸 듭니다. 집 장만을 위해 무언가를 준비해야 할 것 같은데 어디부터 시작해야 할지 너무 복잡하네요. 넓은 평수는 아니더라도 편하게 살 집을 얻고 싶습니다. 어떻게 준비해야 할까요?

A 한국에서 재테크를 하는데 있어서 큰 재무계획 중의 하나가 내 집 마련입니다. 그리고 내 집 마련이란 재무계획은 가장 큰 규모의 자금이 필요한 목표이기 때문에 신중하고 꼼꼼한 재무설계가 필요한 부분이기도 합니다.

주택을 마련하는 방법에는 신규 주택의 매입, 기존 주택의 매입, 경매를 통한 매입, 직접 주택을 짓는 방법 등이 있습니다. 앞으로 자금 계획을 세워 내 집 마련 자금을 마련하고자 할 때에는 앞서 밝힌 주택 매입의 방법이 모두 가능하도록 조건을 갖추어 놓는 것이 좋습니다.

그리고 내 집 마련을 하려는 사람들은 대부분 새로 짓는 주택, 주로 아파트를 구입하는 것을 가장 선호하고 있습니다. 신규 아파트에 입주하기 위해서는 기본적인 조건이 필요합니다. 즉, 청약상품이라는 금융상품에 가입해야 합니다.

1) 적합한 청약통장의 활용은 주택 마련의 기본

청약 상품의 특징

새로 건설되는 아파트에 입주하기 위해서는 가능한 한 모든 길을 열어 놓아야 합니다. 다시 말해, 적어도 청약할 수 있는 자격은 갖춰 놓고 그 다음을 고려하는 것이 주택 마련을 위한 첫 번째 순서죠.

현재 무주택 가정이 집 장만을 하는 데 가장 현명한 청약상품은 청약저축이라고 생각합니다. 무주택세대주라면 가입이 가능하며 국민주택(주공아파트 등), 임대주택, 장기전세주택의 청약 자격이 주어지는 상품입니다. 그리고 이런 주택이 아닌, 조금 더 넓은 평수의 민영 아파트를 청약할 수 있는 기회가 있다면 청약저축을 청약예금으로 전환하여 그 주택에 청약할 수도 있을 것입니다. 또한 소득공제도 가능하므로 단순 저축의 개념으로도 크게 손색이 없는 상품입니다. 청약가점제라는 부분에 적용을 받지 않는 상품으로 입주자 선정 기준에 최대한 충족되는 조건이라면 신규아파트 당첨의 기회가 높아질 것입니다.

결혼을 한 무주택 가정이라면 세대주는 반드시 청약저축이라는 상품을 가입하여 활용하는 것이 바람직합니다. 그리고 세대주가 아

구분	청약저축	청약부금	청약예금			
가입조건	무주택세대주	20세 이상 개인	20세 이상 개인			
가입서류	주민등록등본, 주민등록증	주민등록증	주민등록증			
가입기간	입주자로 선정시까지 계속 가능	2~5년	1년 단위 연장			
불입액	매월 2~10만원까지 5,000원 단위로 가능	지역별 청약예치금까지 납입 -서울, 부산: 300만원 -기타광역시: 250만원 -그외지역: 200만원	지역별 청약예치금 예입			
				서울, 부산	광역시	시·군
			85m²이하	300만원	260만원	200만원
			102m²이하	600만원	400만원	300만원
			135m²이하	1,000만원	700만원	400만원
			136m²초과	1,500만원	1,000만원	500만원
청약대상	국민주택(민간건설 중형국민주택 포함) 임대주택(민간건설 포함)	민간건설 중형국민주택 및 전용면적 85m² 이하의 민영주택 청약권	민영주택(85m² 이하 가입자는 민간건설 중형국민주택 포함) 청약 우선권 부여			
이자율	4.50%	3.8%~5.4%	3.6%~5.0%			
가입기관	우리은행, 기업은행, 신한은행, 농협	전 은행	전 은행			
1순위	가입 후 2년이 경과되고 매월 절해진 날에 월납입금을 24회 이상 납입한 경우	가입하여 2년이 경과되고 저축액이 지역별 예치금액 이상인 경우	가입하여 2년이 경과한 경우			
소득공제	연 불입액의 40%에 대해 가능	없음	없음			
청약가점제	없음	청약가점제 적용	채권입찰제+청약가점제			
입주자 선정 기준	**40m²를 초과하는 주택** 1. 5년 이상의 무주택세대주로서 매월 납입금을 60회 이상 납입한 자 중 저축총액이 많은 자 2. 3년 이상 무주택세대주로서 저축총액이 많은 자 3. 저축총액이 많은 자 4. 납입회수가 많은 자 5. 부양가족이 많은 자 6. 당해 주택건설지역에 장기간 거주한 자 **40m² 이하의 주택** 1. 5년 이상 무주택세대주로서 납입회수가 많은 자 2. 3년 이상 무주택세대주로서 납입회수가 많은 자 3. 납입회수가 많은 자 4. 부양가족이 많은 자 5. 당해 주택건설지역에 장기간 거주한 자	**전용면적 85m² 이하 민영주택** -가점제 방식 　75% 물량 - 추첨 방식 　25% 물량	**전용면적 85m² 초과 주택** -채권입찰제를 우선 적용(채권매입예정액이 많은 자를 우선 선정) - 동일한 매입예정금액으로 경쟁시 　가점제: 50% 　추첨방식: 50%			

닌 배우자는 청약부금이나 청약예금을 가입하여 신규 아파트의 청약 가능성을 높이는 전략도 필요합니다. 이 경우 민영아파트 및 중형국 민주택에 청약할 수 있게 됩니다. 청약부금은 85m² 이하의 상대적으로 낮은 규모의 아파트에 청약을 할 수 있는 상품이고, 청약예금은 85m² 이상의 넓은 평수의 아파트에 청약을 할 수 있는 상품이죠. 청약예금과 청약부금은 청약가점제라는 제도에 적용을 받습니다.

청약가점제를 활용하라

기존에 주택을 보유하고 있는 자가 아닌, 무주택자로서 실제로 거주용 주택이 필요한 당사자들에게 신규 아파트 입주 당첨의 기회를 높이고자 시행되고 있는 제도입니다. 즉 무주택 기간이 길고, 부양가족수가 많고, 청약상품의 가입 기간이 긴, 실제로 주택 마련이 필요한 사람들에게 더 많은 기회를 주고자 하는 제도입니다. 위 세 가지 항목에 대해 기간별, 부양가족수별로 다른 점수를 부여해 높은 점수에 해당하는 사람들에게 기회를 줍니다.(표-1 참조) 수도권 지역에서 아파트 당첨 확률을 높이기 위한 청약가점제의 점수 현황이 44.1점 이상은 되어야 당첨 확률이 높다고 할 수 있습니다.

표-1

수도권 청약통장 1순위 무주택지의 예상 청약점수(단위: 점)				
청약통장	평균	상위 30%	상위 20%	상위 10%
85m² 이하	36.38	43~47	48~52	53 이상
102m² 이하	36.71	43~47	48~52	53 이상
102m² ~ 135m² 이하	37.37	44~47	48~53	54 이상
135m² 초과	38.03	45~49	49~54	54 이상

출처: 닥터아파트

아래 표-2는 청약가점제를 계산할 때의 기준표입니다. 실제로 당신의 청약가점제 점수를 산정해 보세요. 그리고 현 시점부터 주택을 마련하려는 시점까지의 청약가점제 예상 점수를 검토해 보는 전략도 필요합니다. 또한 청약가점제를 높이기 위한 전략도 한 번쯤 고민해 보는 시간이 필요하다고 판단됩니다.

표-2 청약가점제 점수 산정 기준표

구분	점수	구분	점수	구분	점수
무주택기간	점	부양가족수	점	가입기간	점
~1년 미만	2점	명	5점	~0.5년 미만	1점
~2년 미만	4점	1명	10점	~1.0년 미만	2점
~3년 미만	6점	2명	15점	~2.0년 미만	3점
~4년 미만	8점	3명	20점	~3.0년 미만	4점
~5년 미만	10점	4명	25점	~4.0년 미만	5점
~6년 미만	12점	5명	30점	~5.0년 미만	6점
~7년 미만	14점	6명 이상	35점	~6.0년 미만	7점
~8년 미만	16점			~7.0년 미만	8점
~9년 미만	18점			~8.0년 미만	9점
~10년 미만	20점			~9.0년 미만	10점
~11년 미만	22점			~10.0년 미만	11점
~12년 미만	24점			~11.0년 미만	12점
~13년 미만	26점			~12.0년 미만	13점
~14년 미만	28점			~13.0년 미만	14점
~15년 미만	30점			~14.0년 미만	15점
~15년 이상	32점			~15.0년 미만	16점
				15년 이상	17점

2) 구입하고자 하는 주택의 명확한 목표 금액을 설정하라

Q24 결혼한 지 3년 된 맞벌이 부부입니다. 전세로 살다보니 벌써 이사를 두 번이나 했습니다. 전세 계약 만료될 때 매번 이사하

는 것도 문제지만, 이렇게 계속 전세로 살다가는 내 집 마련은 힘들겠다 싶습니다. 그래서 내 집 마련에 대한 계획을 조금 더 꼼꼼히 파악하여 계획하려고 합니다. 언제쯤 집장만이 가능할까요? 넓은 평수의 아파트를 기대하는 건 아니고, 3인 가족이 살 만한 규모의 아파트를 찾고 있습니다. 현재 전세보증금은 1억원입니다. 그리고 맞벌이 수입에서 매달 집 장만을 위해 저축 가능한 금액은 노후대비와 아이 교육비 마련 상품을 제외하고 200만원 정도 됩니다. 현재 모아놓은 돈은 예금 1,500만원과 이번에 만기되는 적금 600만원도 보탤 수 있습니다. 언제쯤 집 장만을 할 수 있을지 궁금합니다.

A 재무설계 계획을 수립할 때 가장 규모가 크고 중요한 부분이 내 집 마련에 대한 부분입니다. 전세로 계속 살자니 주변의 뛰는 집값에 평생 집 장만이 힘들 것 같고, 그렇다고 포기할 수도 없는 노릇입니다. 자녀가 커가면서 안정적인 내 집에 대한 필요성은 더욱더 커지게 될 것입니다. 내 집 마련에 대한 계획을 세울 때에는 조금은 명확하고 체계적인 실행이 필요합니다.

주택 구입을 위해 목표를 설정하는 것에는 다소 어려움이 있습니다. 신규 분양되는 아파트의 경우에는 예상 분양가를 예측하는 것이 어렵습니다. 예전에는 주변 시세의 70~80% 수준에서 분양가가 결정이 되곤 했습니다만, 최근에는 주변 시세보다 높은 분양가로 신규 아파트 청약을 받는 경우가 더 많습니다. 또한 기존 아파트를 목표로 할 때 최근 집값의 변화가 많아 주택 구입 목표를 명확히 세우는데 다소 어려움이 있습니다. 하지만 본인의 재무계획에 있어서 뚜렷한 목표 자금의 규모가 있는 것과 없는 것에는 상당한 차이가 있습니다. 그러므로 가능한 한 뚜렷한 목표를 설정해 보길 권합니다.

첫째, 거주하고자 하는 아파트의 규모(m²)를 결정하십시오. 3인 가족 기준이라면 보통 85m²~102m² 정도로 책정하는 것이 적당합니다.

둘째, 거주하고자 하는 지역의 아파트 시세를 체크하십시오. 가장 높은 시세와 가장 낮은 시세의 아파트를 파악해야 합니다.

셋째, 위 아파트들을 실제로 방문하여 주변 환경을 점검하십시오. 주변의 교육환경, 편의시설, 교통의 편리성 등을 점검해야 합니다. 거주 목적의 주택이므로 이 부분이 가장 중요합니다.

넷째, 위 아파트들의 과거 시세 변화를 체크해 보십시오. 인터넷 상의 시세 정보는 정확하지 않은 경우가 많으므로 실제로 그 지역의 부동산중개소를 찾아가 실질적인 시세를 파악해야 합니다.

다섯째, 현 기준에서의 주택 구입을 위한 필요 자산의 규모를 명확히 산정하십시오.

여섯째, 필요 자산의 규모를 파악할 때 부대비용까지도 고려해야 합니다. 예를 들어 시세 3억원 하는 아파트를 구입할 때 필요한 자산이 정확히 3억원은 아닙니다. 세금, 법무사 및 부동산 비용 등을 포함시켜야 합니다. 이런 비용이 무시 못 할 정도로 크기 때문에 이 부분까지 감안하여 예산을 수립해야 합니다.

Q24 네, 출근하는 문제와 아이의 교육 여건 등을 고려하여 알아보긴 했는데, 비싼 곳은 너무 부담이 되고, 적당한 지역을 알아보니 85m² 기준으로 부동산에서 2억8,000만원까지 거래된다고 합니

다. 이 정도면 괜찮을 것 같은데요.

A 위 가격의 주택을 구입할 경우 실제로 필요한 비용을 다시 점검해 보겠습니다.

시세: 2억 8,000만원
부대비용: 약 840만원(매입가격의 3.1~3.3%)
총 필요비용: 2억 8,840만원

다음 표는 주택을 매입할 때 드는 추가비용 내역을 정리한 것입니다. 부동산 담보대출을 받는다는 가정 아래 직접 작성해보세요.

소유권 이전시 비용					
등기 비용	등록세(1%)	원	법무사 비용	기본료	70,000원
	교육세 (등록세의 20%)	원		누진세	원
	인지세, 증지비	160,000원		대행료	60,000원
	구민주택채권매입	원		교통비 및 채권대행료	30,000원
취득세	취득세(1%)	원	부동산 수수료	매매액의 0.4%	원
	농특세 (취등세의 20%)	원	이사 비용		40~50만원

근저당 설정 비용					
설정 비용	등록세 (채권최고액의 0.2%)	원	법무사 비용	기본료	70,000원
	교육세 (등록세의 20%)	원		누진세	원
	채권할인 및 증지대	원		대행료	60,000원

*채권매입비의 대략적 계산: (매입가격×70%)×2.3%×14.6%

*법무사 누진세: (매입가격 혹은 근저당설정액-1억원)×0.08%+85,000원

3) 자산을 명확히 파악하고 예측하라

원하는 규모의 주택에 대한 목표가 산정되었으면, 이 주택을 구입하기 위해 자신의 자산을 명확히 파악하는 과정이 필요합니다. 현재 부동산 자산의 현황은 어떻게 되는지, 보유하고 있는 현금자산 성격의 금융상품 잔액 중 주택 마련을 위해 실제로 활용 가능한 자금의 규모는 명확히 어떻게 되는지 파악해야 합니다.

Q24 의뢰인의 자산 현황은 다음과 같습니다.

부동신 자신: 1억원(전세보증금)
현금 자산: 2,100만원(예금, 적금 만기)
매월 투자 여력: 200만원

노후대비 및 자녀 교육비 마련을 위한 금융상품의 투자액과 그 잔액은 부득이한 사정이 없는 이상 주택 마련이라는 목표에 활용되어서는 안 됩니다. 그 목적들 또한 주택 마련 못지않게 중요한 재무목표이기 때문이죠.

주택 마련을 계획하는 사람들의 경우 대부분 현재의 자산으로 원하는 주택을 구입하기 어렵습니다. 이것이 가능했다면 주택 마련이라는 재무계획은 수립할 필요가 없을 것입니다. 현재 주택을 구입하기 어려운 이유는 원하는 주택의 시세와 현재 자산의 차액을 메우는 데 필요한 담보대출의 규모가 본인의 능력으로 감당하기 어렵기 때문입니다.

예를 들어, 3억원의 주택을 구입하려고 하는데 현재의 자산은 1억 5,000만원이라고 가정해 봅시다. 이 주택을 구입하기 위해서는 1억 5,000만원이라는 추가 자산이 필요하고, 이를 해결하기 위해 대출이라는 상품을 활용해야 합니다. 1억5,000만원의 대출을 받게 되면 이자율 7%, 20년 상환이라는 가정 아래 매월 116만원의 대출상환 비용이 필요합니다. 매월 저축 여력에서 116만원이란 자금을 대출상환을 위해 차감한 후 나머지 자금으로 자녀교육이나 노후대비, 그리고 기타 목적에 대한 저축 및 투자를 해야 하는데 그렇게 되면 가계의 부담이 너무 심해질 것입니다. 또한 대출이자가 상승할 경우에는 가계 경제가 무너질 경우도 발생할 위험이 있습니다.

Q24 의뢰인의 경우,

필요자산 규모: 2억8,840만원
현재 보유 자산: 1억2,100만원
부족한 자산: 1억6,740만원

위의 부족한 자산을 대출로 해결할 경우, 매월 대출상환을 위한 지출은 향후 20년간 매월 130만원 정도 됩니다. 그리고 위 주택을 통해 대출이 가능한 금액은 55~60% 수준인 1억6천만원 정도입니다. 주택 마련이 가능한 상황이긴 합니다만, 대출에 대한 가계의 부담이 너무 큽니다. 주택 마련을 위해서는 가계의 자산이 최소한 주택 마련을 위한 필요자금의 70% 수준까지 마련되어야 안심하고 주택을 구입할 수 있습니다.

Q24 의뢰인의 경우에는 향후 약 2~3년간은 예상 자산 총액으로 주택을 구입하는 데 다소 무리가 있다고 판단됩니다. 2~3년간의 투자기간 동안 금융상품의 효율적인 활용을 통하여 수익률을 높일 수 있는 재무설계를 해야 합니다. 즉, 전세보증금을 제외한 현 현금자산(예금, 적금만기, 매월 투자가능액)에 대해서는 50% 수준의 공격성을 가진 금융상품을 활용하여 수익률을 높이는 전략이 바람직해 보입니다.

주택 상승률 3%를 감안시 주택 마련의 필요자금 변동분 (단위: 만원)

상승률	구분	현재	1년 후	2년 후	3년 후	4년 후
3%	아파트 시세	28,000	28,840	29,705	30,596	31,514
	부대 비용	840	865	891	918	945
	실질 필요자금	28,840	29,705	30,596	31,514	32,460

현 총 자산의 시간별 예상 흐름표 (단위: 만원)

수익률	구분	현재	1년 후	2년 후	3년 후	4년 후
	전세보증금	10,000	10,000	10,000	10,000	10,000
6.00%	예금	1,100	1,166	1,236	1,310	1,389
10.00%	거치형펀드	1,000	1,100	1,210	1,331	1,464
5.00%	적금	100	1,228	2,519	3,875	5,301
10.00%	적립식펀드	100	1,257	2,645	4,178	5,872
	자산 합산 액	12,300	14,750	17,609	20,695	24,027
	필요금액 대비 자산 비율	44%	51%	59%	**68%**	**76%**

부족자금 해결을 위한 대출 발생시 20년 상환 기준 매월 대출 상환액 (단위: 만원)

이자율	구분	현재	1년 후	2년 후	3년 후	4년 후
	아파트 시세	15,700	14,090	12,096	9,901	7,487
6.50%	이자율에 따른	117	105	90	74	56
7.00%	월 대출상환액	122	109	94	77	58
7.50%		126	114	97	80	60

기존 주택의 상승률을 3% 수준으로 감안할 때, 두 번째 표에 입각하여 주택을 마련하는 데 가장 적합한 시기는 필요금액 대비 자산의 비율이 70% 수준에 도달하는 시기인 3~4년으로 넘어가는 시기부터입니다.

내 집을 마련하기 위해서는 주택 구입이 가능한 본인 자산의 흐름표, 적절한 청약상품의 활용, 신규 분양 아파트에 대한 정보 획득, 청약가점제와 채권입찰제라는 제도의 파악, 허용 가능한 대출액의 산정, 주거의 편리성 등과 조건들을 복합적으로 고려하여 계획을 세우고 실행하는 전략이 필요합니다.

4) 주택 구입 후 대출상환 계획도 반드시 세워라

대출 없이 주택을 구입할 수 있는 경우는 흔치 않습니다. 주택 마련을 위해 필요한 자금 규모와 본인 보유의 자산 규모 중 보통 후자가 부족한 것이 당연합니다. 왜냐하면 내 집에 대한 욕심 때문입니다. 예를 들어, 현재 2억원이란 자산을 보유하고 있고 원하는 지역에서 2억원으로 주택 구입이 가능할 수도 있습니다. 하지만 그 집을 사지는 않습니다. 비싸더라도 조금 더 좋은 위치, 좋은 거주 환경의 집을 마련하고 싶은 것이 사람의 심리입니다.

"드디어 내 집이 생겼구나."라는 기쁨은 당연히 누려야 할 행복입니다. 하지만 대출을 받아 집 장만을 한 경우, 이런 내 집 마련의 기쁨을 꾸준히 잘 유지하려면 그 이후의 문제도 꼼꼼하게 준비를 해야 합니다. 바로 대출상환에 대한 계획입니다. 누구나 대출을 줄여야 한다는 것은 잘 알고 있습니다. 그리고 여러 가지 방법을 통해 자금을 마련하고, 이것을 가지고 대출금을 갚아나간다는 것은 동일합니다. 하지만 그 방법과 순서에 따라 같은 기간, 같은 자금을 가지고도 결과는 큰 차이가 날 수 있습니다. 대출을 갚기 위해서는 계획이 선행되어야 합니다.

대출을 어떤 형태로 받고, 어떤 형태로 갚아나가야 할지에 대한 계획 또한 내 집 마련을 이행하는 데 있어 중요한 부분입니다. 대출을 효율적으로 활용하는 방법을 알아볼까요?

첫째, 상환기간은 길게 책정해야 합니다.

많은 사람들이 상환기간이 긴 것에 대해 큰 부담을 갖습니다. 만기가 긴 적금, 납입기간이 긴 보험상품, 그리고 상환기간이 긴 대출 등 말입니다. 하지만 대출상환에 대해서는 상환기간을 넉넉하게 책정하는 것이 바람직합니다. 왜냐하면 소득공제가 가능하기 때문입니다. 다음의 조건을 충족할 경우 대출의 이자 상환액에 대해서 연말정산을 할 때 소득공제가 가능합니다.

소득공제 요건
- 주택을 소유하지 않은 세대의 세대주(=차입자=근로자)이어야 한다.
- 국민주택규모(전용 85㎡) 이하의 기준시가가 3억원 이하인 주택에 대한 대출이어야 한다.
- 소유권이전등기일로부터 3개월 이내 대출이어야 한다.
- 15년 이상의 장기대출(거치기간 3년 이내)이어야 한다.

Q24 의뢰인의 경우에는 4년 후 7,500만원을 7% 수준의 20년간 원리금균등상환으로 대출받을 경우, 대출이자는 매월 43만원 정도로 1년에 약 516만원의 이자상환액이 발생하게 됩니다. 이 부분에 대해서 소득공제를 받게 되면 96만원 수준에서 소득공제 환급액을 받게 됩니다. 이런 환급액을 대출이자율에 반영하게 된다면, 실질 대출 이자율은 7%에서 5.9% 수준까지 낮아지게 됩니다. 소득공제라는 부분이 무시 못할 규모가 되었습니다.

대출원금	대출이자율	출이자	대출이자	소득공제액	실질대출이자	실질 이자율
7,500만원	7%	월 43만원	연 516만원	96만원	연 420만원	5.90%

그리고 현금 자산의 확보도 중요합니다. 다음 표를 보십시오.

대출금액: 7,500만원
대출이자: 7%

대출기간	5년	10년	15년	20년
월 상환액	149만원	87만원	67만원	58만원
총 이자부담액	1,411만원	2,950만원	4,634만원	6,455만원

매월 상환해야 하는 금액은 5년 동안 상환할 때와 20년 동안 상환할 때 세 배가량 차이가 발생합니다. 만약 5년 동안 상환하는 조건으로 금융기관에서 대출을 받았다면, Q24 의뢰인의 경우 매월 약 200만원의 투자 여력이 있는 상황에서 150만원 정도를 대출을 갚는 데 소요하고, 나머지 금액 역시 대출상환을 위해 투자하게 되는 것입니다. 그리고 5년이 지난 시점에 대출금을 거의 갚았다면, 5년 후

의 자산은 부동산(아파트) 한 채와 아주 약간의 현금 자산만 남게 됩니다.

그런데 그때 마침 목돈이 필요한 상황이 발생한다면, 부동산을 통해 또 대출을 받아야 할지도 모릅니다. 쉽게 말하면, 부동산자산과 현금자산을 어느 한쪽으로 너무 많이 치우치게 관리하게 되면 문제가 발생할 수 있습니다. 특히 부동산 쪽으로 자산의 대부분을 보유하고 있다면 현금 유동성이란 부분에서 언젠가는 큰 문제가 발생할수 있습니다. 그리고 5년의 대출상환 기간을 책정한다면 향후 5년간은 생활이 여유롭지 못할 것입니다.

둘째, 대출 이자율 적용 방식도 신중하게 결정해야 합니다. 다음 표를 참조하십시오.

금리	운용형태	특징	장·단점
고정금리	금리 / 기간	주택담보대출 취급 시점의 금리를 약정기간 동안 동일하게 적용	실세금리 상승기에도 동일한 금리가 적용되므로 추가 이자부담이 없으나 변동금리보다 금리가 높음
변동금리	금리 / 기간	시장 기준금리의 변동에 따라 약정된 주기(3개월~5년)로 금리를 변경 적용 CD, 금융채권 등이 있음	금리하락기에는 하락폭만큼 이자부담이 감소하나 반대로 상승기에는 상승폭만큼 이자부담이 증가함
혼합금리	금리 / 고정금리 변동금리 / 기간	주택담보대출 취급 후 일정기간 동안 고정금리 적용 후 잔여기간 변동금리 적용(반대의 경우도 있음)	고정금리와 변동금리의 특징을 합한 형태로 금융소비자의 자금계획에 맞춰 운용이 가능함

셋째, 대출상환 방식도 신중하게 결정해야 합니다.

대출을 받고 상환을 시작할 때 초기의 월 상환액은 원금균등분할

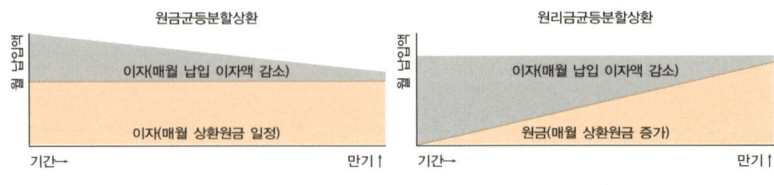

초기 비용 부담	원금균등분할상환 $>$ 원리금균등분할상환
약정기간 동안의 전체 상환액	원금균등분할상환 $<$ 원리금균등분할상환

상환 방식이 조금 더 높습니다. 대신 시간이 흐를수록 매월 상환액은 줄어들게 됩니다. 왜냐하면 대출 원금이 줄어드는 만큼 월 이자가 줄어들기 때문입니다. 반면 원리금균등분할상환 방식은 매월 상환액이 만기까지 동일하게 적용됩니다.

대출에 대한 총 비용 면에서는 원금균등분할상환 방식이 원리금균등분할상환 방식보다 적습니다.

Q24 의뢰인의 경우를 예로 든다면,

대출 원금: 7,500만원
상환 기간: 20년
대출 이자: 7%
총 이자 지출의 차이: 11,835,058원(원리금균등상환-원금균등상환)

상환 방식의 차이로 인하여 발생하는 이자의 차액이 약 1,200만원 정도 됩니다. 금액 차이가 상당합니다. 원리금균등상환 방식은 월 대출 상환액이 일정하므로, 대출에 대한 가계 지출 조율이 가능하여 편리합니다만, 최종 이자액의 차이는 원금균등상환 방식에 비

기간	이자	상환원금	월상환액	대출잔액	이자	상환원금	월상환액	대출잔액
1개월	437,500	312,500	750,000	74,687,500	437,500	143,974	581,474	74,856,026
12개월	417,448	312,500	729,948	71,250,000	427,987	153,487	581,474	73,215,787
24개월	395,573	312,500	708,073	67,500,000	416,892	164,582	581,474	71,302,594
36개월	373,698	312,500	686,198	63,750,000	404,994	176,480	581,474	69,251,096
48개월	351,823	312,500	664,323	60,000,000	392,236	189,238	581,474	67,051,294
60개월	329,948	312,500	642,448	56,250,000	378,556	202,918	581,474	64,692,469
72개월	308,073	312,500	620,573	52,500,000	363,887	217,587	581,474	62,163,124
합산이자				52,718,750원				64,553,808원

해 많이 손해를 보게 됩니다.

반면에 원금균등상환 방식은 대출 초기에 월 상환액이 상대적으로 높아 부담이 생길 수도 있습니다만, 최종 이자액 면에서는 원리금균등상환 방식보다 유리합니다.

넷째, 대출원금의 중간 상환시에도 전략이 필요합니다.

일반적으로 대출을 받은 후 만기 이전에 목돈으로 대출을 갚을 때 중도상환수수료가 발생합니다. 회사별로 수수료 부과 방식에 차이가 있습니다만 일반적인 부과 방식은 아래와 같습니다.

대출기간 내 중도상환 시 상환금액에 대하여 수수료 부과
취급 후 1년 이내 상환 시: 1.5%
취급 후 2년 이내 상환 시: 1.0%
취급 후 3년 이내 상환 시: 0.5%

예를 들어, 대출 받은 후 1년 안에 1,000만원의 목돈으로 대출금을 갚고자 할 때에는 갚는 금액의 1.5%인 15만원 정도의 수수료가 발생하여 실제로 갚는 금액은 985만원을 갚게 됩니다. 이런 1.5%의 수수료 또한 무시 못할 금액입니다. 즉, 대출 만기 이전에 대출금을 갚고자 할 때에는 가능한 한 수수료가 낮아지는 시점인 3년 이후에 갚는 전략이 바람직해 보입니다.

다섯째, 초기 대출 월 상환액에 대한 부담이 있다면 거치기간을 가져야 합니다.

내 집 마련 후 대출을 상환하기 시작할 때 초기에 대출상환에 대한 부담이 있다면 거치기간을 설정하세요. 거치기간이란 그 기간 동안 대출원금은 갚지 않고 대출이자만 내는 기간을 뜻합니다. 그리고 거치기간이 끝나는 시점부터 대출원금과 이자를 같이 갚아나가는 방법입니다.

Q24 의뢰인의 경우 원금균등상환 방식으로 거치기간을 3년 책정한다면, 다음의 표와 같습니다.

위와 같이 거치기간을 가질 경우, 거치기간이 끝난 후 월 상환액의 규모는 거치기간이 없이 시작하는 상환액보다 높습니다. 3년간

	원금균등상환				원리금균등상환			
기간	이자	상환원금	월상환액	대출잔액	이자	상환원금	월상환액	기말잔액
1개월	437,500	–	437,500	75,000,000	443,750	–	443,750	75,000,000
2개월	437,500	–	437,500	75,000,000	443,750	–	443,750	75,000,000
~~	~~~~	~~~~	~~~~	~~~~	~~~~	~~~~	~~~~	~~~~
37개월	437,500	367,647	805,147	74,632,353	443,750	190,322	634,072	74,809,678
38개월	435,335	367,647	803,002	74,264,706	442,624	191,449	634,072	74,618,229
39개월	433,211	367,647	800,858	73,897,059	441,491	192,581	634,072	74,425,648

(단위: 만원)

은 부담이 없을 수 있지만, 3년 후부터는 부담이 더 심화될 수 있기 때문에 거치기간을 갖는 형태로 대출상환을 할 경우에는 거치기간이 끝나기 전에 목돈으로 대출원금을 중간에 상환할 수 있는 전략을 세워서 실행해야 합니다.

주택 구입 시 등기부등본을 반드시 체크하라

등기부등본이란?

등기란 국가에서 법정절차에 따라 등기공무원으로 하여금 대상 부동산에 대한 권리관계 및 기타의 변동사항을 기재하도록 한 것이다. 등기부는 등기 내용을 기재하는 공적인 문서를 말한다. 등기부는 누구나 소정의 수수료를 납부하고 그 등본을 교부받을 수 있으며, 이해관계가 있는 부분에 한하여 열람할 수 있다.

등기번호란?

토지나 건물대지의 지번 기재

표제부

토지나 건물의 내용(소재지, 면적, 용도, 구조 등)이 변경된 순서대로 기재 면적은 m^2(제곱미터)로 표시되어 있으며 평으로 환산하려면 3.3025로 나누면 된다.

갑 구

소유권에 관한 권리관계의 변경 소멸사항이 일자 순으로 기재되어 있다. 최초 소유자의 보존등기로부터 소유권 이전등기가 계속 기재되며, 각 등기사항 중 변경(소유자 주소 등)이 있으면 변경등기를 하고, 소유권 말소를 위한 소송이 진행 중임을 알리는 예고등기와 소유자의 처분을 금지하는 가처분 등기 등이 있으며, 특히 가등기는 순위보전의 효력이 있으므로 주의를 요한다.

을 구

소유권 이외의 권리인 제한물권(저당권, 지상권)에 관한 사항을 기재하며, 특히 근저당권은 등기부에 기재된 채권최고액(은행-130%, 개인-150%)과는 별도로 실제 채무액을 파악해야 한다.

참고로 채권최고액이란 채무자가 실제로 부담한 채무가 아니고 향후 부담할 최대한도의 채무액으로 하며, 채무액은 최고액의 약 80% 정도가 일반적 관행이다.

유의 사항

등기부등본을 확인할 때 가장 중요한 사항은 갑구와 을구에 기재된 가등기, 소유권등기, 저당권설정등기 등의, 등기 전후와 접수일자(접수번호) 등에 대한 철저한 확인이며, 또한 부등기의 순위는 주등기의 순위에 의한다.

자녀 교육자금 마련을 위한
계획을 수립하라

교육자금마련 상품 100% 활용방법

Q25 2세 된 아이를 둔 주부입니다. 아이 앞으로 적금이나 보험을 들려고 합니다. 목적은 교육비 마련이죠. 어떤 사람은 펀드가 좋다고 하고, 어떤 사람은 교육보험, 혹은 어린이변액유니버셜보험 등의 상품들이 좋다고 추천합니다. 우리 아이 교육비 마련을 위해 어떻게 재무설계를 해야 할지 궁금합니다.

A '다른 부모들은 다 과외시키는데, 나만 안 시킬 수 없잖아?', '다른 부모들은 다 피아노학원이다 태권도학원이다 보내는데 우리 아이만 안 시킬 수 없지 않은가?', '다른 부모들은 일류대 보내려고 노력하는데 우리 아이만 안 보낼 수 없잖아?', '다른 애들은 대학 1학년 때 1년씩 휴학시켜 해외 어학연수니 유학을 보내는데 우리 아이만 뒤처질 수 없잖아?'

현재 우리나라에서 사교육 과열 열풍을 일으키고 있는 핵심 요인은 바로 남들과 자신을 '비교하는 것'입니다. 다른 애는 저만치 앞서가는데 우리 아이만 안 시킬 수도 없는 노릇입니다.

재무계획을 세우는 데 있어서 필요한 자금의 규모가 가장 큰 부분은 노후자금과 주택마련자금일 것입니다. 하지만 이에 못지않게 많은 규모의 자금이 필요한 부분이 교육비 부분일 것입니다. 이러한 교육자금을 마련하는 데 있어서 과연 언제 어떻게 어느 정도 규모의 자금이 필요한지 파악하는 것이 우선되어야 할 과제입니다.

1) 총 얼마나 필요한가?

자녀가 출생한 이후 교육을 위해 지출되는 규모는 평균적으로 아래와 같습니다. 아래의 자료는 2004년 통계청에서 발표한, 월·연 평균 교육비 지출 현황 자료입니다.

내졸 이상 부모의 월평균 교육비 시출액

구분	취학 전	초등학교	중·고등학교	대학교
월 평균	18만원	24만원	41만원	67만원
연 평균	216만원	288만원	492만원	804만원

위의 자료만 봐도 꽤 높은 금액의 교육비가 지출됩니다. 이에 더하여 연 평균 교육비의 상승률은 7% 수준에 육박하고 있습니다. 물가상승률 평균이 4% 수준이라는 것을 감안한다면, 그리고 근로자 월 평균 수입의 상승률이 3% 수준이라는 것을 감안한다면 교육비 상승률은 상당히 부담되는 수준인 것이 분명합니다.

교육비 마련이라는 재무계획에서 가장 중점을 두고 준비해야 하는 부분은, 목돈이 한꺼번에 소요되는 비용일 것입니다. 대학등록금이나 어학연수 혹은 유학 비용이 이에 해당됩니다. 고등학교 이전의 교육비에 대해서는 일반적으로 월단위로 지출되므로, 부모의 월수입에서 매월 차감하여 지출하는 것이 현실입니다만, 대학등록금과 같은 부분은 월수입으로 해결하기에는 상당한 부담이 있으므로 이 부분을 위해 미리미리 준비하는 전략이 교육비 마련의 주된 목적이 될 것입니다.

2008년 현재 대학 등록금은 아래와 같습니다.

대학등록금 현황(2008년 1월)

구분	국공립대학	사립대학교	전문대학
서울	247만원	373만원	298만원
기타	약 200만원	약 370만원	약 290만원

Q25 의뢰인의 자녀가 대학에 들어갈 시점에 필요한 등록금의 규모는 현 기준에서 대학등록금이 7% 수준으로 매년 상승한다는 가정 아래 계산해 보면 다음의 표와 같습니다.

대학등록금 상승 현황

교육비 상승률	구분	현재(연)	10년 후	15년 후	17년 후
7.0%	국공립대학	494만원	972만원	1,363만원	1,560만원
7.0%	사립대학	746만원	1,467만원	2,058만원	2,356만원

17년 후 4년간 대학등록금으로 필요한 자금의 규모는 사립대학교 기준으로 9,425만원(2,356만원×4년) 정도 됩니다. 이에 더하여 대학 생활에 필요한 교재비, 용돈 등의 비용까지 고려한다면 대학 4년간 1억원 이상의 자금이 필요한 것이 현실입니다. 그리고 남들 다 한다는 어학연수나 해외유학이라는 부분까지 고려한다면 정말 어마어마한 규모의 자금이 필요할 것입니다. 이런 큰 금액을 1~2년 혹은 3~5년 안쪽의 투자기간으로 준비한다는 것은 거의 불가능한 일이므로 자녀가 어릴 때부터 미리 준비를 시작해야 합니다.

2) 매월 얼마를 투자해야 하는가?

2세 자녀를 기준으로 하여, 아래의 조건을 만족하기 위한 전략을 알아보겠습니다.

투자목적: 대학등록금 마련
투자기간: 17년 이상
필요규모: 약 1억원

수익률	구분	월 투자액	10년 후	15년 후	17년 후
5%	A	32만원	4,969만원	8,553만원	10,257만원
6%	B	29만원	4,753만원	8,434만원	10,244만원
8%	C	24만원	4,391만원	8,305만원	10,363만원
10%	D	19만원	3,892만원	7,875만원	10,113만원

앞의 자료에서 수익률의 기준은 복리이자율입니다. 17년간의 투자로 약 1억원을 마련하기 위해 이자율의 변화에 따라 매월 얼마를 투자해야할지 나타내는 자료입니다. 5%의 수익률을 적용한다면 매월 투자해야할 돈은 32만원입니다. 하지만 수익률을 10% 수준까지 올리는 것이 가능하다면 매월 투자해야 할 돈을 19만원 수준으로 낮추는 것이 가능해집니다.

17년이라는 투자기간 동안 안정성만을 고려하는 전략보다는 5% ➡10% 수준까지 수익률을 끌어올릴 수 있는 금융상품을 찾을 수 있다면 교육자금 마련을 위한 재무설계는 성공에 가까운 결과를 얻을 수 있겠습니다.

3) 어떤 금융상품을 선택해야 하는가?

Q26 자녀 대학등록금이나 어학연수에 드는 비용도 크지만, 대학 입학 전까지의 과외비나 기타 비용도 만만치 않네요. 어떤 기준을 갖고 어떻게 준비해야 할까요?

A 주택 마련이나 노후에 대한 부분도 준비해야 합니다. 그리고 아이 교육시키는 부분도 중요합니다. 매월 투자할 수 있는 금액은 한정되어 있는데 모든 것을 완벽히 준비할 수는 없을 것입니다. 하지만 안 할 수도 없는 계획이 자녀교육 자금 마련이므로 최소한의 투자로 효과를 최대한 볼 수 있는 방법과 금융상품을 활용하는 방법을 찾는 것이 가장 중요합니다. 그 전에 자녀의 연령대별로 교육자금을 마련하는 방법의 차이를 알아두면 계획을 세우는 데 도움이 될 것입니다.

초등학교 입학 전~고등학교

자녀가 고등학교를 마칠 때까지 교육비 지출에서 목돈이 드는 경우는 흔치 않습니다. 대부분 매월 공교육비 및 사교육비(과외, 학원비, 교재비 등) 지출이 발생합니다. 이런 부분은 Q26 의뢰인의 월수입에서 소비지출로 차감하여 관리할 수밖에 없습니다. 다만 교육자금 마련을 위한 금융상품에 투자할 때 상품 자체에서, 중간에 자금이 필요하게 되면 상품을 해약하는 방법이 아닌 중간에 자금을 인출할 수 있는 상품이라면 효율적일 것입니다.

대학등록금

보통 대학은 4년제입니다. 하지만 대학등록금은 4년의 비용을 한 번에 지출하지는 않습니다. 보통 1년에 두 번씩 4년간 지출하게 됩니다. 즉 4년 동안 총 여덟 번의 목돈이 들어가는 상황이 생깁니다.

첫째, 대학등록금 마련을 위한 금융상품에 투자할 때에는 1년에 두 번, 4년간 못해도 여덟 번의 목돈을 찾을 수 있는 금융상품이어야 합니다.

둘째, 매번 찾을 때마다 상품의 해약, 혹은 만기로 찾아 쓰는 형태보다는 계속 살아 있는 금융상품 내에서 이런 인출 기능이 있는 것이 좋습니다.

셋째, 준비 기간은 보통 10년 이상이므로 안정적인 상품으로의 활용보다는 기대 수익률을 높일 수 있는 상품을 활용하는 것이 바람직합니다.

해외 어학연수 및 유학비용

1년간의 해외 어학연수를 보낸다는 가정 아래, 보통 1년 치 연수 비용을 한 번에 모두 지불하는 경우는 그다지 많지 않습니다. 보통 분기별로 한 번, 혹은 6개월에 한 번씩 관련 비용을 지출하는 형태입니다. 이 부분에 대한 준비는 위의 대학등록금의 준비 기준과 비슷한 효과를 얻을 수 있는 금융상품이 좋습니다.

자녀 결혼 자금 및 그 이후의 목적

자녀가 교육을 마친 후 독립하여 결혼을 준비한다거나 혹은 그 연장선에서 이후의 재무계획까지 준비가 가능하다면 좋을 것입니다. 평균적인 결혼 비용은 남자는 7,000~8,000만원, 여자는 3,000만원 정도의 목돈이 필요합니다. 물론 자녀가 직장을 가진 후 이 부분을 스스로 해결한다면 가장 좋은 방법입니다만, 부모로서 일정 부분 해결해 줄 수 있다면 좋을 것입니다. 그리고 그 이후 자녀의 집 장만이나 혹은 노후까지도 가능한 금융상품이라면 금상첨화가 될 것입니다.

4) 자녀 교육자금 금융상품의 예

오른쪽 표는 자녀 교육자금과 관련된 대표적인 금융상품을 한눈에 보기 쉽도록 작성한 표입니다. 그리고 이러한 금융상품을 고를 때 몇 가지 고려할 점도 함께 정리해 보았습니다.

중도인출 기능

상품 활용 중 중간에 목돈이 필요하거나, 대학등록금처럼 1년에 두 번의 목돈이 필요할 때 상품의 해약 없이 원하는 자금을 찾을 수 있는 기능입니다. 일반적으로 어린이적금의 경우 자금을 찾기 위해서는 만기해약 혹은 중도해약을 통해서만 가능합니다. 어린이펀드의 경우는 펀드의 부분해약이라는 방법을 통해 필요한 자금을 중간에 인출할 수 있습니다. 나머지 교육보험이나 어린이변액유니버셜보험의 경우는 중도인출 기능을 활용하여 자금을 융통할 수 있습니다.

보통 중도인출 기능에 대해서 제대로 알아야 할 것이 있다면, 인출 가능 금액의 기준은 해약환급금의 총액 기준이라는 것입니다. 보

구분	어린이적금	어린이펀드	교육보험	어린이변액유니버셜보험
목적	자녀 교육자금 마련			
금융회사	은행	증권회사	보험회사	보험회사
대상자	자녀 명의	자녀 명의	자녀 명의	20~26세까지 부모 명의 20~26세 이후 자녀 명의
납입 방법	자유적립식	정액적립식, 자유적립식, 임의식	정액적립식	자유적립식, 정액적립식, 임의식
납입 기간	연장 가능	연장 가능	정해짐 (5년, 7년, 10년, 5년)	정해지지 않음 (노후까지 연장 가능)
기간	연장 가능	연장 가능	24세, 27세 만기	명의전환 후 노후까지 연장 가능
사업비	없음	없음	있음	있음
수수료	없음	국내형: 2% 해외형: 2.35%	없음	0.35~1.0% (회사별로 다양함)
수익률	4.4~4.7% (변동단리이자)	시장 상황에 따라 변화	4.5~5.3% (변동복리이자)	시장 상황에 따라 변화
펀드 유형	없음	국내투자형펀드 해외투자형펀드	없음	상품 내부에 국내, 해외, 기타 펀드 형태로 다양 하게 구성이 됨.
중도인출	없음	중도인출 가능	중도인출 가능	중도인출 가능

험이란 상품의 가장 큰 단점은 오랜 기간 납입해야 하는 의무감이 있다는 것과, 초기에 보험회사 측에서 고객이 납입하는 보험료에서 사업비를 차감한다는 것입니다. 보험회사의 운영, 사무를 비롯하여 기타 비용으로 사업비를 활용합니다. 이런 사업비 책정으로 인하여 가입 이후 일정기간까지는 해약환급금 수준이 총 납입금액보다 상당히 적게 산출되는 것이 일반적입니다.

수익률

교육비 상승률이 보통 6~7%로 매년 높은 수치를 기록하고 있습니다. 이런 상승률은 복리로 상승합니다. 그러므로 자녀 교육자금 마련을 위한 금융상품을 선택할 때는 최소한 그보다는 높은 수익률을 기대할 수 있는 금융상품이어야 만족한 결과를 얻을 수 있습니다. 이러한 이유로 금리를 적용하는 금융상품인 어린이적금이나 교육보험은 수익률 면에서는 다소 어려움이 있다는 판단입니다.

펀드에 투자하는 금융상품인 어린이펀드와 어린이변액유니버셜보험의 향후 수익률이 물가상승률 이상을 기록할 것이라는 보장은 없습니다. 하지만 10년 이상의 투자기간이라는 시간적인 여유는 교육비상승률 이상으로 기대수익률을 얻을 가능성을 높여준다는 것이 장점입니다. 즉 장기적인 투자라는 관점에서는 연평균 7% 이하의 수익률을 얻을 확률보다는 그보다 높은 수익률을 얻을 확률이 높습니다.

수수료와 사업비

보험회사의 교육보험이나 어린이변액유니버셜상품의 가장 큰 단점은 사업비의 차감입니다. 가입 후 일정기간 동안은 매월 투자액이 모두 투자되지는 않습니다. 보험회사의 사업비라는 부분이 일정 부분 차감된 금액으로 투자가 이루어집니다. 그런 이유로 위 상품의 적정 투자기간은 못해도 15년 이상이어야 제대로 된 효과를 얻을 수 있습니다.

반면에 어린이펀드의 경우에는 보험회사 상품이 아니므로 사업비 차감이라는 부분이 없습니다. 매월 약정한 투자액이 모두 투자됩니다. 반면에 수수료라는 부분이 존재합니다. 수수료의 차감 주기는 펀드와 동일하게 매일 해당 수수료를 365일로 나누어 정산하게 됩니다. 국내형 어린이펀드의 경우는 2% 수준의 수수료를 부과하는데 반하여, 어린이변액유니버셜보험의 경우는 0.35~1% 수준으로 부과합니다. 10년 안쪽의 투자기간이라면 수수료의 차이가 큰 부분은 아닐 수 있겠습니다만, 투자기간이 길어지면서 상품 내의 누적액이 높아질수록 상대적으로 높은 수수료율이 수익률에 좋지 않은 영향을 끼칠 수도 있습니다.

사업비와 수수료 부분을 감안할 때 어린이펀드와 어린이변액유니버셜보험의 적정 투자기간은 약 15년 시점에서 달라질 수 있습니다. 꾸준히 투자를 지속한다는 가정 아래 15년 이하의 투자기간이라면 어린이펀드를, 15년 이상의 투자기간이라면 어린이변액유니버셜보험을 선택하는 것이 낫습니다.

증여세

과세표준	세율	누진공제
1억원 이하	10%	
1억원~5억원 이하	20%	1,000만원
5억원~10억원 이하	30%	6,000만원
10억원 이상	40~50%	1억6,000만원~

자녀에게 교육비 및 기타 명목으로 현금이나 기타 자산을 증여할 때에는 증여세가 부과됩니다. 예를 들어 성년이 된 자녀에게 5,000만원을 증여하게 될 때에는 세율 10%를 적용받아 공제액 3,000만원을 제외한 2,000만원에 대해 200만원의 세금을 내야 합니다.(공제

가능액: 미성년자 1,500만원, 성년 3,000만원까지 세금 면제)

만약 어린이 금융상품으로 매월 20만원씩 투자를 할 경우, 시간의 경과에 따른 수익금의 변화는 아래와 같습니다. 월 투자액의 규모는 작지만 긴 기간 동안 꾸준히 투자를 지속한다면, 10년 후, 20년 후에는 상당히 큰 규모의 자산 형성이 가능합니다. 이런 자금을 자녀에게 증여할 경우 증여세라는 세금도 무시해서는 안 될 기준이 됩니다.

수익률	상품	월 투자액	5년 후	10년 후	15년 후	20년 후
7%	어린이펀드 or 어린이변액	20만원	1,432만원	3,462만원	6,339만원	10,419만원
8%	어린이펀드 or 어린이변액	20만원	1,470만원	3,659만원	6,921만원	11,780만원

자녀에게 자산을 증여할 때 부모의 자산 중에 교육비, 결혼자금 등의 지출에 대해서는 일반적으로 증여세를 부과하지 않습니다. 이 부분은 자녀에게 현금자산을 물려주는 것이 아닌 지적재산을 증여하기 위한 부모의 지출에 해당이 되기 때문입니다.

어린이펀드의 경우에는 가입 당시부터 자녀 명의로 펀드에 가입한 경우이고, 성년이 된 이후 등록금 등을 납부할 때에는 자녀의 자산으로 납부하는 형태가 될 수 있습니다. 즉, 자녀에게 자산을 준 후 그 자산으로 등록금을 납부하는 경우이므로 증여세가 부과될 가능성이 있습니다. 반면 어린이변액유니버셜보험의 경우, 보통 26세 시점까지는 계약자와 투자액이 부모 명의이고, 대학등록금의 납부 또한 부모의 자산에서 자녀의 교육을 위한 지출이 되므로 증여세와는 크게 상관이 없습니다. 이렇게 교육비를 지출한 이후인 26세 시점에서 자녀에게 명의를 이전할 때에는, 이미 등록금 지출이 많이 이루어진 상황이기 때문에 상품 내 잔액이 크지 않은 상태에서 증여가 이루어지므로 증여세에 대한 부담이 덜하거나 없을 수도 있습니다. 이런 활용적인 측면에서는 어린이펀드보다 어린이변액유니버셜보험이란 상품이 조금 더 적합해 보입니다.

노후대비를 위한 계획을 수립하라

최적의 연금상품 찾기

Q27 30세 남성이고, 회사원입니다. 매달 여윳돈이 조금씩 생겨서 연금상품을 알아보고 있습니다. 상품이 너무 많아서 어떤 것을 선택해야 할지 모르겠습니다. 연말에 소득공제도 되면 좋겠고, 이자도 많았으면 좋겠는데 말입니다. 이외에 기타 혜택들도 많은 상품 없을까요?

A 네, 연금상품에는 두 가지 종류가 있습니다. 연말 소득공제가 가능한 연금저축이라는 상품이 있고, 소득공제가 되지 않는 상품이 있습니다. Q27 의뢰인이 알아보고 있는 상품은 연금저축이라는 상품입니다. 어떤 상품을 선택할 때에는 먼저 큰 범주에서 상품의 특징과 성격, 그리고 장단점을 파악한 후 세부적인 금융상품으로 선택의 폭을 좁혀가는 순서로 판단의 기준을 삼는 것이 좋습니다.

연금저축이라는 상품에는 세 가지 종류, 즉 연금저축보험(보험회사), 연금신탁(은행), 연금펀드(증권회사)가 있습니다. 이 세 가지 상품은 조금씩 성격이 다릅니다. 우선 이 상품들의 특징에 대해 파악해야 할 것 같습니다.

1) 소득공제형 연금

연금저축상품의 공통점

가입자격	만 18세 이상 국내 거주자
세재혜택	1. 매년 300만원 한도에서 연말정산 시 소득공제 가능 2. 연금 지급 시 소득공제 받은 부분은 과세함. 과세 시 세율 5.5% 3. 중도 해지 시 기타 소득세율로 과세함. 기타소득세 22%(주민세 포함) 4. 세금우대는 해당 사항 없음 　– 중도해지 시 기타 소득이 300만원 초과하는 경우와 연금 수령 시 연간 총 　　연금 소득금액이 600만원을 초과하는 경우 종합소득세 신고대상
중도해지수수료	1. 5년 이내 해지 시에는 해지원금에 대하여 해지 가산세(2.2%)가 부과됨 2. 적립기간 및 연금지급기간 중 해지 시에는 기타소득세(22%, 주민세포함)를 　징수 – 중도해지 시 기타소득세, 해지가산세 등으로 원금손실이 발생될 수 있다.
적립기간	10년 이상 연단위로 하되 수익자의 연령이 만 55세 이상이 되는 때까지
연금의 지급기간	적립기간이 완료된 때로부터 5년 이상 연단위로 책정 가능

세제 혜택

300만원까지 소득공제가 됩니다. 근로소득자, 사업소득자의 경우 매년 연말정산 시 소득공제 혜택을 300만원까지 부여하는 것입니다.

예를 들면 연소득 표준액이 1,200~4,600만원에 해당하는 근로소득 혹은 사업소득이 있는 사람이 매월 25만원씩 연 300만원을 연금저축상품에 가입한다면 연말에 소득공제로 환급받는 금액은 300만원×18.70%=561,000원이 됩니다.

연소득구간	공제율	환급금액
1,200만원 이하	8.80%	264,000원
1,200~4,600만원 이하	18.70%	561,000원
4,600~8,800만원 이하	28.60%	858,000원
8,800만원 이상	38.50%	1,155,000원

세제상의 불이익

연금을 수령할 때 혹은 중도 해지할 때 세금이 부과됩니다.

구분	소득세	주민세	합계
연금소득세율	5%	소득세의 10%	5.50%
기타소득세율	20%	소득세의 10%	22%

첫째, 연금 소득세율은 축적 금액을 매월 혹은 매 주기별, 연금별로 수령할 때 수령액에 대해서 세금을 부과하는 것입니다. 즉, 55세이후 매월 50만원씩 연금으로 수령하게 된다면 실질 수령액은 47만2,500원(50만원-50만원×5.5%)이 됩니다.

둘째, 기타 소득세율은 약정한 기간 만료 전에 해지하거나, 만료 후연금 수령이 아닌 형태로 지급받을 때 적용하는 것입니다. 즉, 매월 혹은 매 주기별로 수령을 하지 않고, 일시금으로 수령하게 되는 경우에는 기타소득세율을 부과합니다. 만약 축적액이 5,000만원이고 이 자금을 연금이 아닌 일시금으로 수령하게 된다면 실질적인 수령액은3,900만원(5,000만원-5,000만원×22%) 즉, 매년 소득공제 받았던 금액대부분을 토해내야 합니다. 만약 가입 후 5년 이내에 해약을 하게 되면 위 기타소득세율에 더하여 해지가산세(2.2%)가 더 부과됩니다.

연금신탁을 활용할 때에는 반드시 55세까지 상품을 유지해야 하고, 수령할 때에는 반드시 5년 이상 연금 형태로 수령해야 합니다. 그렇지 않을 경우에는 위와 같은 불이익을 당할 수도 있습니다. '받은 만큼 돌려준다'는 말이 이런 경우에 적용이 되는 걸까요?

연금저축상품의 차이점

납입 방법

노후를 대비하여 투자를 할 때 납입하는 방법 중 가장 좋은 방법은 매월 일정액을 꾸준히 납입하는 것입니다. 즉, 정액적립식 투자 방식이 이런 중요한 목표를 달성하기 위한 최선의 방법입니다. 하지만 살다보면 무슨 일이 생길지 아무도 모르는 일입니다. 혹은 투자를 더 이상 하지 못할 상황이 발생할 수도 있고, 최소한 한 번쯤은 몇 달 동안 쉬어야 하는 시기도 발생할 수 있습니다. 상품을 유지하는 중간에 피치 못할 사정이 발생했을 때를 대비하여 납입 방식이 유연한 상품을 선택하는 것이 현명합니다.

세 가지 상품 모두 적금처럼 매달 정액적립식이 가능합니다. 하지만 매달 일정액이 아닌 본인이 내고 싶은 만큼, 내고 싶은 시기에 낼 수 있는 자유적립식 혹은 임의식의 납입 방식이 가능한 상품은 두 가지 상품밖에 없습니다. 연금신탁과 연금펀드가 그 상품인데, 연금저축보험은 자유적립식이 불가능하여 투자액을 2회 이상 납입하지 않으면 상품의 효력이 상실됩니다.

납입 방식의 효율성 면에서는 연금저축보험보다 연금신탁과 연금펀드가 더 나아 보입니다.

구분	연금저축보험	연금신탁	연금펀드
금융회사	보험회사	은행	증권회사
납입 방법	정액적립식	정액적립식, 자유적립식 가능	
납입 한도	분기당 300만원 이내		
운용 수수료	없음	채권형: 연 1.2% 안전형: 연 1.5%	채권형: 1.05% 혼합형: 1.55% 주식형: 2.05~2.45%
사업비	있음	없음	없음
예금자보호	보호됨	보호됨	보호 안 됨
운용방법	연복리 이자형	**채권형** 1. 채권, 채권관련 파생상품, 유동성 자산 및 기타자산: 100% 이내 2. 대출: 50% 이내 **안정형** 1. 대출, 채권, 채권관련 파생상품, 유동성 자산 및 기타자산: 90% 이상(채권관련 파생상품: 10% 이내, 대출: 50% 이내) 2. 주식 및 주식관련 파생상품: 10% 이내	**채권형** 1. 주식: 0% 2. 채권: 60%~95% **혼합형** 1. 주식: 60% 이하 2. 채권: 60% 이하 3. 유동성자산: 15% 이하 **주식형** 1. 주식: 60%~95% 2. 채권: 40% 이하 3. 유동성 자산: 15% 이하

신탁 보수 수수료 vs 사업비

장기 상품의 경우 신탁 보수 수수료 금액이 실질적인 수익률에 상당한 영향을 끼치는 편입니다. 왜냐하면 보수 수수료를 산출할 때, 이제까지 저축된 금액을 기준으로 하여 연 단위로 수수료를 부과하기 때문입니다. 연금신탁과 연금펀드의 경우 납입 보험료에서 사업비 부분을 차감하지 않습니다. 20만원을 책정한다면 20만원 전액이 모두 투자되는 것입니다. 하지만 투자가 지속되면서 남아 있는 잔액에서 수수료를 차감하게 됩니다. 이 수수료 부분은 펀드상품의 수수료 부과 방식과 동일합니다.

반면 연금저축보험은 은행의 연금신탁이나 증권사의 개인연금펀드처럼 신탁 수수료의 개념은 없습니다. 즉, 금융회사에서 납입하는 투자액에 대한 총 투자액에 대해서 수수료를 제하지 않습니다.

하지만 보험사 특유의 방식인 매월 내는 사업비를 보험료에서 일정 기간 동안 차감하게 됩니다. 즉, 납입하는 보험료의 전액이 공시이율(복리이자율)에 의해서 적립되는 것이 아니고, 보험료 중 회사운영 경비와 같은 사업비를 차감한 금액이 공시이율로 적립됩니다. 이러한 이유로 최초 가입 후 일정 기간 동안은 보험의 수익률을 나타낼 수 있는 해약환급금의 기준이 납입한 총 보험료보다 낮습니다.

수익률

구분	연금저축보험	연금신탁	연금펀드
연평균수익률 (과거 약 8년간)	4.5%~5.1% (연복리 공시이율)	1. 채권형: 4.15% (2.67~4.79%로 회사별로 다양) 2. 안정형: 4.90% (3.2~6.05%로 회사별로 다양)	1. 채권형: 2.16% 2. 혼합형: 4.60% 3. 주식형: 9.27%

위 세 가지 연금저축 금융상품의 수익률 산출 방식에는 차이가 있습니다. 연금저축보험은 연복리 이자 지급 방식으로 수익률을 계산하는 반면, 연금펀드의 경우는 투자원금 대비 수익률입니다.

위 수익률 예시는 약 7~8년 전부터 2008년 8월까지 매월 적립식 형태로 투자를 했을 때 수익률 현황입니다. 과거의 수익률이나 이자율이 미래에 그대로 반영되는 것은 절대 아닙니다. 하지만 그만큼의 투자 기간으로 향후 미래에 지속적으로 투자한다면, 같은 결과는 아니지만 비슷한 결과가 발생할 가능성이 높다는 판단 기준 아래 예시로 든 자료입니다.

예를 들어, 20만원씩 현재부터 10년, 20년, 30년 동안 투자를 합니다. H라는 사람은 5% 복리이자율을 가진 연금저축보험을 선택하고, J라는 사람은 기대수익률 약 5%인 주식형연금펀드를 선택한다면 어떤 변화가 발생할까요? 단, 연금저축보험상품의 특징 중 하나인 사업비 부분을 차감하지 않는다는 가정이며, 연금펀드의 수익률은 수수료를 차감한 후의 수익률이라는 가정 아래입니다.

(단위: 만원)

수익률	구분	월 투자액	1년 후	5년 후	10년 후	20년 후	30년 후
	투자연금	20	240	1,200	2,400	4,800	7,200
5.00%	연금저축보험	20	246	1,360	3,106	8,221	16,645
5.00%	연금펀드	20	252	1,500	3,600	12,480	24,480

같은 수익률입니다만, 수익률 산출 방식의 차이가 투자수익금의 변화에 영향을 미칩니다. 만약 연금펀드의 기대수익률이 과거 8년 전부터 2008년 현재까지 주식형펀드의 수익률인 9% 수준으로 발생한다면 조금 더 큰 변화가 발생할 수도 있을 것입니다.

연금의 지급

구분	연금저축보험	연금신탁	연금펀드
지급방법	종신지급형	5년 이상 연단위로 지급	
	확정지급형		

연금신탁과 연금펀드의 경우 연금의 지급 방식은 연금 지급 시기 이후 5년 이상 연 단위로 책정합니다. 20년, 30년, 40년, 이러한 형

태로 선택하여 지급받을 수 있습니다. 반면에 연금저축보험의 경우에는 두 가지로 분류됩니다. 확정지급형의 경우는 연금신탁과 연금펀드의 지급 방식과 동일합니다. 종신지급형의 경우에는 사망시까지 지급합니다.

시간이 흐를수록 인간의 수명은 점점 늘어나고 있습니다. 보통 65세 정도를 노후가 시작되는 시기라고 가정한다면, 현재는 80세 즈음을 사망 연령으로 예측하지만, 20~30년 후에는 90~100세 혹은 그 이상을 생존 가능 연령으로 여길 수도 있습니다. '노후'라는 기간이 얼마나 늘어날지 모르는 상황이므로 아무래도 연금의 지급 형태는 기간이 정해진 것보다 사망시까지 지급받을 수 있는 형태가 더 낫습니다.

계약이전 제도를 활용하라

계약이전 제도란, 연금저축은 장기 상품이므로 계약기간 동안 수익률, 가입 금융기관의 안전성, 고객선호도 등의 변화에 따라 가입 금융기관을 자유롭게 옮길 수 있도록, 다른 금융기관으로 계약이전하는 경우 세제 혜택(소득공제, 이자소득세 비과세)을 계속 부여하는 제도입니다. 계약이전으로 인한 해지에 대해 조세특례제한법상 세제상의 불이익을 가하지는 않으나, 기존 계약의 해지 및 신계약의 체결 절차를 준용, 약관에 의한 해지 수수료 등을 적용하여 이전금액을 산출하고 계약 심사 후 금융기관이 직접 자금이체를 통하여 거래 금융기관을 변경하게 됩니다.

중도 해지 수수료는 신규가입일(계약이전 받은 계좌의 경우 계약이전일)로부터 계약이전일까지의 경과 기간에 따라 부과됩니다.

계약이전을 할 때에는 몇 가지 유의해야 할 사항이 있습니다.

첫째, 장기적인 수익률과 직전 수익률 등을 적절히 평가하여 비교해야 합니다.

둘째, 계약이전 하려는 회사의 경영 상태가 양호한지 확인해야 합니다.

셋째, 보험회사에서 타 금융회사로 이전할 경우 이전금액(해약환급금)이 납입보험료보다 낮을 수 있으므로 주의해야 합니다.

넷째, 증권회사, 은행에서 타 금융기관으로 이전할 경우 당시 수익률의 악화로 인하여 이전금액이 원금보다 낮을 수 있습니다.

다섯째, 보험회사로 이전할 경우 이전하고자 하는 보험회사에서 피보험자에 대한 심사를 통하여 이전을 거절할 수 있습니다.

이와 같은 사항을 고려한 후 계약이전을 하는 것이 안전합니다. 절차는 아래를 참고하십시오.

A 금융회사에서 B 금융회사로 계약이전을 할 경우

B 금융회사에서 신규계좌 신설 → A 금융회사에서 계약이전 신청 → B 금융회사에서 계약이전 성립여부 확인 → B 금융회사를 방문하여 0원 통장이나 증권을 개설 → A 금융회사를 방문하여 계약이전 신청 → A 금융회사에서 B 금융회사로 계약이전 예정 통보 → B 금융회사에서 A 금융회사로 계약이전 접수 통보 → A 금융회사는 B 금융회사로 계약이전 송금 및 송금내역 통보 → B 금융회사를 방문하여 계약이전 확인 및 통장-증권 수령

연금저축 상품의 선택 방법

연금저축 상품을 선택할 때에는 개개인의 상황과 목적에 따라 개별적인 기준을 두어야 한다.

1. 앞으로의 수익률에 대해 안정성보다는 수익성에 더 많은 비중을 두고 싶다면, 증권회사의 연금펀드로 결정하라.
2. 수익성보다는 노후라는 목표의 특성상 안정성에 더 비중을 두고 싶다면 연금신탁 혹은 연금저축보험으로 결정하라.
3. 연금저축상품을 납입하는 중간에 납입의 유연성 및 융통성 부분을 고려한다면 연금신탁 혹은 연금펀드로 결정하라. 매월 납입하는 형식이 아닌 3개월, 6개월, 1년에 한 번 납입하는 형태를 원한다면 연금신탁 혹은 연금펀드로 결정하라.
4. 종신지급형 연금 지급 방식이 선택 기준에서 가장 중요하다고 판단한다면 연금저축보험으로 결정하라.
5. 위의 선택 기준 중 내 입맛에 맞게 선별하여 관리하고자 한다면 계약이전 제도를 활용하라. 투자기간이 30년 정도로 길기 때문에 수익을 얻을 수 있고, 노후가 다가왔을 때 안정성과 납입의 유연성이 보장되며 종신토록 연금을 받고 싶다면 말이다.

처음 가입할 때에는 주식형 연금펀드에 가입한다. 그리고 안정성 확보를 위한 단계에서는 채권형연금펀드로 계약이전을 한다. 그리고 최종 연금을 수령할 시점에서는 연금저축보험으로 계약이전을 한다.

2) 비과세형 연금

Q28 전업주부입니다. 대출이 조금 남아 있지만 내 집도 장만했습니다. 그리고 남편 월급으로 살림을 꾸리면서 가계부를 거의 매일 작성하며 꼼꼼하게 관리하고 있습니다. 조금 숨통이 트이는 것 같습니다.

그래서 우리 부부 노후를 위해 무엇인가 준비해야 할 것 같아서 이것저것 금융상품을 알아보고 있습니다. 남편 앞으로는 연말정산을 받을 수 있는 연금이 있습니다. 그래서 제 앞으로 연금을 알아보고 있는 중인데, 어떤 상품을 선택해야 할까요?

A 전업주부에게 소득공제형 상품은 적절하지 않습니다. 연금으로 수령할 때 비과세 혜택이 부여되는 연금상품이 적합한 것 같습니다. 비과세 상품에는 여러 가지 종류가 있는데, 그중 어떤 상품을 선택하기 전에 먼저 큰 범주에서 상품의 특징과 성격, 그리고 장단점을 파악한 후 세부적인 금융상품으로 선택의 폭을 좁혀가는 것이 좋습니다.

노후에 연금 지급이 가능하고, 비과세혜택이 부여되는 연금상품은 대부분 보험회사 상품입니다. 일반적으로 일반연금보험, 유니버설저축보험, 변액연금보험, 변액유니버설적립보험 등이 있습니다.

우선 이 상품들의 특징에 대한 파악이 필요합니다.

비과세 연금상품의 공통점

가입자격	만 15세 이상
가입가능금액	10만원부터~(5만원 이상, 20만원 이상, 30만원 이상으로 제한이 있는 곳도 있음)
중도해지수수료	없음
세제 혜택	10년 이상 유지시 비과세
연금의 지급	1. 지급주기: 월 단위 지급이 원칙. 3월, 6월, 1년 단위로 지급 가능 2. 연금지급: 확정기간형(5년 이상) 또는 종신지급형, 상속형이 가능
사업비차감 해약환급금	최초 가입 후 일정 기간 내에 중도 해지시 해약환급금이 납입한 투자액보다 적거나 혹은 없을 수도 있다. 이유는 보험회사의 사업비를 차감하기 때문이다.
중도인출 가능	일반적으로 해약환급금의 50% 범위에서 인출 가능 연 4~12회까지 가능(가능 횟수는 회사별로 약간씩 다름)
추가납입 가능	일반적으로 연간 총 납입보험료의 2배 이내에서 목돈으로 추가적으로 납입할 수 있다.
계약유지 기능	일정기간(보통 2년)이 지난 후 보험료 납입을 중지해도 보험의 효력 상실을 방지할 수 있는 계약유지 기능이 있다.

세제 혜택

연금상품에 가입한 후 10년이 지나면 세금을 부과하지 않습니다. 즉 비과세입니다. 상품 가입 후 중간 중간에 현금을 조금씩 인출하는 중도인출 기능을 활용했다 하더라도 10년 이상만 유지한다면 그 이후에는 세금을 부과하지 않습니다. 그리고 연금저축상품과는 다르게 노후의 시점에서 그동안 축적된 돈을 모두 일시금으로 찾거나 혹은 매월 연금으로 수령할 때에도 세금은 부과되지 않습니다.

중도인출 기능

만기 전 목돈이 필요할 때 위 상품에서 중도인출 기능을 활용하여 필요자금을 얻을 수 있습니다. 중도인출 할 수 있는 금액의 기준은 해약환급금 기준입니다. 일반적으로 중도인출이 가능한 시기는 상품에 가입한 뒤 2년이 경과한 시점부터입니다.

보통 중도인출 기능에 대해서 잘못 판단하고 있는 것은, 인출 가능 금액의 기준은 해약환급금의 총액 기준이라는 점입니다. 보험상품의 가장 큰 단점은 오랜 기간 납입해야 하는 의무감이 있다는 것과, 초기에 보험회사 측에서 고객이 납입하는 보험료에서 사업비를 차감한다는 것입니다.

보험회사의 운영, 사무를 비롯한 여러 가지 비용으로 사업비를 활용합니다. 이런 사업비 책정으로 인하여 가입 이후 일정 기간까지는 해약환급금 수준이 총 납입금액보다 상당히 낮게 산출되는 것이 일반적입니다.

예를 들어 연금보험 20만원을 가입한 후 2년까지의 해약환급금의 변화와 중도인출 가능금액의 변화를 A보험회사 상품 기준으로 산출한다면 다음 표와 같습니다.

해약환급금과 중도인출 가능 금액 예시

기간	납입보험료	현재 적용 이율		중도인출 가능금액
		해약환급금	해약환급율	
3개월	600,000원	0원	0.00%	0원
6개월	1,200,000원	0원	0.00%	0원
9개월	1,800,000원	527,668원	29.31%	263,834원
1년차	2,400,000원	1,115,916원	46.49%	557,958원
2년차	4,800,000원	3,533,730원	73.61%	1,766,865원

즉, 많은 사람들이 '이 상품에 가입하고 2년이 지나면 목돈을 인출할 수 있으니, 그 기능을 활용해서 이사 비용이나 기타 계획에 쓰면 좋겠다.'고 생각하며 가입하는 경우가 많습니다. 가능은 합니다

만 인출 가능 금액의 기준이 해약환급금 기준이라는 것 때문에 생각한 것보다 낮은 금액밖에 인출되지 않아 암담한 상황에 처할 수 있습니다.

만약 연금류 상품이 아닌 종신보험류 상품에 가입한 후 이러한 중도인출 기능을 활용한다면 중도인출 가능 금액의 규모는 위 예시보다 훨씬 더 낮아집니다. 왜냐하면 종신보험은 필요 사업비의 규모가 더 크고 이에 따라 해약환급금의 규모보다 훨씬 낮기 때문입니다.

계약유지 기능

예전 보험의 경우, 보험료를 2회 이상 내지 않으면 보험 효력이 실효되었습니다. 즉, 보험을 계속 유지하려면 약속한 기간 동안 매달 꼬박꼬박 보험료를 내야 했습니다. 하지만 최근 보험은 일정 기간 동안 보험료를 내지 않아도 보험 효력을 얼마 동안은 유지시킬 수 있습니다. 이것이 바로 계약유지 기능입니다. 계약유지 기능의 조건은 납입하지 않는 시점에서 그 상품에 축적된 자금 규모 내에서 위험보험료와 기타 비용을 내는 것입니다. 이런 형태로 보험료를 내는 것을 월 대체 보험료라고 합니다.

계약을 유지할 수 있는 기간은 보험료를 내지 않는 기간 동안 해당 보험에 축적된 금액이 대체할 수 있는 총 자금의 규모를 초과하지 않는 시기까지입니다. 보통은 해약환급금 기준입니다. 축적된 자금의 규모가 낮다면 유지할 수 있는 기간도 그 만큼 짧습니다.

구분	연금보험	유니버설저축보험	변액연금보험	변액유니버셜적립보험
투자방향	투자액을 복리이자율로 적용	투자액의 일부를 수익형상품(펀드, 채권 등)에 투자		
목적	주 목적은 은퇴 후의 연금 수령			
연금률 적용방법	가입시점의 경험생명표	연금전환시점의 경험생명표	가입시점의 경험생명표	연금전환시점의 경험생명표
납입방법	납입기간이 정해짐 (최저 5~7년 이상)	납입기간이 정해지지 않음 (2년이상, 100세 까지 가능)	납입기간이 정해짐 (최저 5~7년 이상)	납입기간이 정해 지지 않음 (2년이상, 100세까지 가능)
자금의 운용	-공시이율에 의한 복리이자형 -절대적 안정성에 무게를 둠	-주식편입비율 30~50%가 상한선임 -채권 위주로 운용 -안정성에 무게를 둠		-주식편입비율이 70~90% 이상 까지 가능 -주식 위주의 운용, 비율 조정의 탄력성이 있음 -수익성에 무게를 둠

비과세 연금상품의 차이점

수익률

‘변액’ 이라는 용어는 증권회사의 ‘펀드’ 라는 용어와 비슷하다고 생각하면 됩니다. 쉽게 말하면, 액수가 변한다고 하여 ‘변액’ 이라는 이름이 붙은 것입니다. 주식이나 채권 등에 투자한 금액이 정해진 이자에 적용받는 것이 아니라, 수익률에 따라서 변동됩니다. 반면 일반 연금보험이나 유니버설저축보험은 어느 정도 정해진 이자율에 적용을 받아 금액의 변동폭이 크지 않습니다. 변동금리를 적용하므로 금액이 바뀌는 것은 변액과 비슷합니다만, 변동의 폭 예측이 가능하다는 것이 변액과 다른 점입니다.

일반연금이나 유니버셜저축보험을 선택할지, 변액연금이나 변액유니버셜적립보험을 선택할지에 대해 가장 큰 선택의 기준점이 되는 것은 본인 자산의 변동성(수익성)을 포기하고 안정성을 선택할 것인지, 본인의 자산이 수익률에 따라 변동되더라도 이자를 적용하는 상품보다는 높을 것이라는 기대감과 가능성을 볼 것인지에 따라 판단하고 결정하면 됩니다.

과거 10년 전부터 현재까지 수익률 상황은, 안정적인 이자 지급 방식의 상품보다는 펀드와 같은 상품에 투자하는 것이 더 좋은 결과를 기록하기는 했습니다. 하지만 이것은 과거의 상황이고, 미래의 상황은 어떻게 변화될지 아무도 예측할 수 없습니다. 그렇더라도 과거의 결과가 미래의 결과를 일정 부분 대변하는 것은 부정할 수 없으므로 투자기간이 충분히 확보된 계획에 대해서는 안정성보다는 수익성에 무게를 두는 전략이 더 바람직해 보입니다.

연금률 적용 방법

제5회 경험생명표에 의하면 남자의 평균 수명은 76.4세이고, 여자의 평균 수명은 84.4세입니다. 제4회 경험생명표의 평균 수명보다 3.6년 정도 늘어난 수치입니다. 경험생명표의 정보는 해당 시점에서의 평균 생존 연령입니다.

예를 들어, 연금 신청 시점인 60세에 2억이란 자금을 가진 사람이 60~80세까지 산다면 매월 150만원씩 받을 수 있습니다. 같은 조건에서 60~85세까지 산다면 수령액은 매월 140만원 정도로 금액이 낮아집니다. 다시 말해 오래 살면 살수록 같은 자금으로 매월 더 적은 금액을 받게 됩니다.

경험생명표상으로 보아도 앞으로 계속 평균 생존 연령이 상승할 것입니다. 제4회 생명표보다는 제5회 생명표가 생존 연령이 높습니다. 따라서 제6회는 더 높아질 것입니다.

일반연금과 변액연금은 가입 시점의 경험생명표를 적용합니다. 평균수명이 늘어난다는 가정 아래 현재의 경험생명표에 적용을 받는 것이 연금을 더 많이 받는 방법입니다.

반면에 유니버셜저축보험과 변액유니버셜적립보험은 연금 수령 신청 당시의 경험생명표를 적용합니다. 즉 6회, 7회… 10회…를 거치면서 늘어난 수명을 적용하는 경험생명표의 적용을 받게 되므로 현재 기준에서의 연금액보다는 수령액이 낮을 확률이 높습니다.

연금상품은 납입기간이 충분히 긴 것이 좋다

연금형 상품 중 납입기간 및 방법과 관련하여 가장 바람직하다고 판단되는 상품은 국민연금입니다. 원칙적으로 국민연금의 납입 방법은 본인의 수입이 있을 때는 계속 내고, 수입이 없으면 이를 국민연금관리공단에 신고하여 납입 중지 신청을 한 후 수입이 다시 생기면 납입을 이어가는 형태입니다. 물론 현재는 이 원칙대로 시행되고 있지 않습니다. 만약 퇴사 후 국민연금관리공단에 퇴사 신고를 하지 않으면 수입이 없어도 의무적으로 국민연금을 납부해야 하는 폐해를 보이고 있습니다.

이러한 단점만 보완한다면, 노후대비 연금을 목적으로 하는 상품은 국민연금의 납입 방법이 가장 좋다고 생각합니다. 이에 가장 근접한 방법을 가진 상품이 유니버셜이란 이름이 붙은, 유니버셜저축보험, 변액유니버셜적립보험 등의 상품입니다.

종종 납입기간 10년 만기 후, 20년을 납입하지 않고 기다린 다음 60세에 연금 수령이 가능한 상품에 투자하고 있는 사람 중에는, 10년 납입기간을 다 채울 시점에서 다시 연금형 상품에 가입하기 위해 고민하는 사람도 있습니다. 그 사람들이 공통적으로 하는 후회는 '처음 가입할 때 납입기간을 조금 더 길게 책정해서 계속 납부했으면 최소한 이런 걱정은 다시 안 할 텐데……' 하는 것입니다. 무엇보다 현재는 없는 고금리 형태의 상품을 활용 중이었던 사람들이 후회하는 모습을 많이 보았습니다.

이럴 바에는 차라리 처음부터 납입기간이 충분히 긴 상품이나 만기가 따로 정해지지 않는 상품에 가입하는 것이 유리할 수 있습니다. 물론 상황이 좋지 않을 때는 납입을 멈추었다가, 형편이 나아지면 다시 납입을 지속하는 기능이 있는 상품이라면 더욱 좋을 것 같습니다.

상품 운용(펀드 운용) 방법의 차이

일반연금과 유니버셜저축보험은 큰 변동이 없는 이자율을 적용합니다. 이에 반하여 변액상품 중 변액연금은 연금 지급에 중점을 두고 있으므로 안정성에 더 무게를 두는 상품입니다. 그렇기 때문에 주식과 관련된 상품의 투자 비율은 30~50%로 낮게 책정하고, 채권 위주로 펀드를 운용합니다. 즉, 매월 20만원을 투자한다면 8만원은 주식형에, 12만원은 채권(금리)에 투자하여 목적 자금을 달성합니다. 물론 주식 위주의 변액연금인 상품도 있습니다. 하지만 일반적인 변액연금의 특징은 안정성에 무게를 더 둡니다.

반면 변액유니버셜적립보험은 연금 지급과 동시에 특정 목적자금 마련에 중점을 둡니다. 즉, 수익성에 더 무게를 두는 상품입니다. 그런 이유로 주식과 관련된 상품의 투자 비율은 70% 이상, 많게는 100%까지 책정할 수 있습니다. 다시 말해 매월 20만원을 투자한다면, 20만원 전체를 주식형펀드에 투자하여 목적 자금 달성이 가능하도록 하는 것입니다.

일반적으로 연금을 목적으로 하며 투자기간이 10년 이상일 경우는 약간의 위험을 감수하더라도 조금 더 높은 수익성을 추구하는 것이 유리하다고 판단합니다. 단·중기의 투자기간에 주식형펀드를 운용하는 것은 짧은 투자기간에 대한 위험성에 노출될 수 있습니다. 하지만 투자기간이 충분히 길다면 주식형 상품이 가진 위험도는 상당히 낮아지게 됩니다. 위험도가 낮아지는 반면 수익성은 그만큼 높아질 수 있다고 판단됩니다.

그리고 은행보다 조금이라도 더 높은 수익을 바라며 안정적인 노후대비 자금을 확보하려는 목적이라면 변액연금을 활용하고, 펀드가 가진 위험성을 어느 정도 감수하며, 더 많은 자금, 조금 더 많은 수익성을 기대한다면 변액유니버셜적립보험을 활용해야 합니다.

변액상품의 선택 포인트

상품 내부 펀드의 종류가 다양해야 한다

변액이란 금융상품은 투자액의 상당 부분을 펀드에 투자하여 수익률을 얻는 상품이다. 수익률에 가장 큰 영향을 미치는 기준은 주가의 변동이다. 그리고 최근에는 국내 투자만 가능한 것이 아니라 해외 투자도 가능하다. 향후 미래에 어떤 투자 지역, 어떤 투자처의 기대 상황이 좋을지 아무도 예측하기 힘들다. 브릭스 지역의 전망이 좋을 수도 있고, 원자재 시장, 국내 주식시장, 아시아, 유럽, 남미시장이 호황일 수도 있으며, 혹은 전반적인 시장이 불안하여 채권시장의 전망이 좋을 수도 있다. 변액이란 상품은 장기 상품이므로 시장의 변화에 민감하게 반응할 필요는 없지만, 세계적인 시장의 변화에 적절하게 대응하는 전략은 반드시 필요하다. 그렇기 때문에 다양한 시장과 투자 지역 및 투자처로의 움직임의 폭이 넓은 상품이 유리하다.

공격성(주식최대편입율)의 비중이 높아야 한다

장기 상품이라는 특성상 안정성보다는 수익성(공격성)의 비율이 높은 것이 더 좋은 결과를 얻을 확률이 높다. 물론 투자를 지속하는 시기의 중간 중간에 어떤 때에는 채권의 비중을 높여 안정성을 충분히 확보해야 할 때도 분명 있을 것이다. 또한 주식의 비중을 충분히 높여 기대할 수 있는 수익률을 충분히 얻을 기회도 분명 있을 것이다. 즉 공격적이어야 할 시기에 충분히 공격적인 전략으로 운용할 수 있는 상품이 유리하다.

일반적으로 노후 시점을 현재부터 30년 후라고 생각할 때 최소한 20년 이상은 공격적으로 운용하여 기대수익률을 충분히 높여서 관리하고, 노후에 가까워지는 시점에는 본인 자산의 안정성을 충분히 감안하여 채권의 편입율을 높이는 전략이 가장 이상적인 노후자금의 관리 전략이다.

사업비 차감 비율이 낮아야 한다

변액이라는 상품은 보험상품이다. 보험상품의 가장 큰 단점은 사업비의 차감이다. 즉, 매월 투자하는 금액의 일정 부분을 보험회사의 운영비나 유지·관리비 등에 활용하는 것이 사업비 명목이다. 예를 들면 매월 20만원을 보험상품에 투자한다면 그중 일정액을 사업비 명목으로 차감한 후 나머지 금액으로 투자를 하게 된다. 물론 투자액을 내는 전체 기간에 사업비를 차감하는 것은 아니다. 일반적으로 7년 정도까지 사업비를 차감한다. 보험회사별로 보험상품에서 사업비를 차감하는 비율은 약간씩 차이가 있다. 이러한 사업비가 가능하면 낮게 책정되어 있는 것이 유리하다.

3) 현재부터 얼마를 준비해야 하는가?

Q29 결혼 3년차이며 두 아이의 엄마인 32세 직장 여성입니다. 남편은 35세입니다. 나이 들어서 조금이라도 경제적인 부담을 덜 갖기 위해 지금부터 노후를 준비하려고 하는데 어떻게 시작해야 할까요? 금융회사별로 노후에 10억은 있어야 한다, 아니다, 그걸로 부족하니 20억은 있어야 한다, 말들이 많네요. 이렇게 큰 금액을 마련해야 한다니 부담이 큰 것도 사실입니다. 지금부터 매달 얼마를 어디에 어떻게 준비해야 할지 궁금합니다. 남편의 수입은 월 350만원이고, 저는 170만원 정도 됩니다. 남편 앞으로 15년 납입 10만원짜리 연금저축보험을 들고 있습니다. 만기는 60세이고, 2008년 1월에 시작했습니다. 그리고 저는 올해 일을 그만두려고 합니다.

A 언제부터인가 노후대비라는 부분이 아주 중요한 이슈가 되고 있습니다. 이렇게 중요한 이슈가 된 대표적인 이유를 꼽자면, 공적 연금의 문제점이 노출되고 있는 부분도 있겠습니다만, 서울 시내 모 공원에서 배회하시는 어르신들, 자식들과 떨어져 거주하며 최저생계비도 받지 못하고 생활하고 있는 독거노인 등 실제로 현재 준비되지 않은 노후를 겪고 있는 노인들의 현실을 목격하고 있기 때문일 것입니다.

그러면 노후대비를 위해 도대체 얼마를 준비해야 할까요? 우선 실질적으로 계산하는 방법을 알아야 할 것입니다.

뚜렷한 목표를 정하라

노후라는 시점이 다가왔을 때, 즉 은퇴 시점부터는 매월 얼마 정도의 생활비가 필요할까? 이 부분을 명확하게 산출해야 합니다. 이 과정이 바로 '노후'라는 재무목표를 위해 필요한 자금의 규모를 파악하는 과정입니다.

Q29 의뢰인의 가정을 예로 들어보겠습니다.

현재 연령: 35세(남편 기준)
노후 시점: 60세
투자 기간: 25년
월 필요 생활비: 150만원(부인이 60세인 시점을 기준으로 기본 생활비를 150만원으로 가정함)
현재 필요 자금: 약 3억원(매월 연금으로 150만원을 수령하기 위한 현재 기준 연금총액임)
물가 상승률: 4%
25년 후 실질 필요 자금: 약 8억원

물가의 상승분을 감안하여 25년 후 약 8억원이 현재의 3억원 가치를 갖게 되는 것입니다.

물가상승률을 4%로 가정할 때 화폐 가치의 변화율 (단위: 만원)

상승률	구분	현재	10년 후	15년 후	20년 후	25년 후
4.00%	돈의 가치 변화	30,000	44,407	54,028	65,734	79,975

다음의 표는 일상생활에서 소비자들이 자주 구입하는 생활필수품

을 대상으로 산출한 생활물가지수 현황입니다. 5.1%에서 3.1%까지 연도별로 조금씩 차이가 있습니다.

연도별 생활물가지수 변동률 (단위: 만원)

지수종류	2001년	2002년	2003년	2004년	2005년	2006년	2007년	평균
생활물가지수	5.10%	2.50%	4.00%	4.90%	4.10%	3.10%	3.10%	3.80%

출처: 통계청

하지만 소비자들이 느끼는 실질적인 물가는 어떨까요? 2007년과 비교하여 물가는 밀가루 68.4%, 국수 45.2%, 비스킷 25.4%, 빵 24.3%, 경유 39.6%, 휘발유 15.7%가 올랐습니다. 또 보습학원비, 자동차운전학원비, 자장면, 김밥, 피자, 목욕, 이 · 미용비용 등도 10% 이상 올랐습니다. 2008년에는 이미 물가상승률이 5% 대를 넘어섰습니다. 버스, 택시, 전철, 전화, 우편, 하수도, 쓰레기봉투 요금 등도 이 수준으로 인상되었습니다.

위와 같이 물가상승과 화폐가치를 감안하여 노후대비 자금 목표를 설정해야 합니다. 물론 개인별로 필요한 월 생활비 규모는 조금씩 차이가 있을 수 있습니다.

현재 상황을 파악하라

Q29 의뢰인의 가정은 이미 노후준비를 하고 있습니다. 노후준비의 대표적인 금융상품인 국민연금과 연금저축보험상품에 이미 가입한 상태입니다. 하지만 이것만으로는 왠지 불안하여 어떤 상품으로 더 준비해놓는 것이 좋을지 고민하고 있을지도 모릅니다.

국민연금

노후준비를 위해 의무적으로 납부해야 하는 상품입니다. 말도 많고 탈도 많은 연금입니다만, Q29 의뢰인의 가정에 노후라는 시점이 다가왔을 때 분명 연금은 지급될 것입니다. 얼마나 지급될 것인가가 염려되는 부분이기는 합니다만, 국민연금은 물가상승분을 반영하여 지급됩니다. 즉 돈의 가치가 하락하더라도 주겠다고 약정한 연금은 물가를 감안하여 증액되어 지급됩니다.

201쪽의 표는 국민연금의 지급 예시율을 정리한 표입니다. 시간이 흐를수록 국민연금의 지급예상액은 감액될 가능성이 높습니다. 하지만 노후에 필요한 자금을 계산할 때에는 국민연금의 지급 예상액을 제외하고 계산할 수는 없습니다.

남편의 수입은 350만원입니다. 표준소득월액 기준에서는 거의 마지막 등급에 속하는 수준입니다. Q29 의뢰인의 경우 조만간 직장을 그만두는 것을 고려한다면 국민연금의 수령은 기대하기 힘든 상황입니다.

예상등급: 45등급
예상 수령액: 114만원
현실적 수령액: 91만원(향후 국민연금의 수령액 조정이 있을 것이란 가정 하에 비율을 80% 수준으로 하향 조정한 기준)

연금저축보험

소득공제가 가능하고 노후에 연금으로 수령 가능한 금융상품을 하나 활용하고 있군요. 15년 납입한 후 10년의 거치기간을 두고 60세에 연금으로 수령이 가능한 상품이며, 이자율은 5% 수준입니다. 이 상품으로 운용할 때 예상할 수 있는 연금액은 아래와 같습니다.

예상 수령액: 17만원
물가상승률: 4%
현실적 수령액: 8만원(물가상승을 통해 화폐의 가치가 하락한 상황을 고려하여 현재 기준의 연금액임)

노후 대비를 위한 실질 부족 자금을 파악하라

노후를 위한 목표 자금: 월 150만원
현재 준비 중인 자금: 약 99만원 (국민연금 91만원 + 연금저축 8만원)
실질 부족 자금: 51만원
현재 필요 자금: 약 1억원(매월 연금으로 현재 51만원을 수령하기 위해 현재 기준 연금총액임)
물가 상승률: 4%
25년 후 실질 필요 자금: 약 2억7,000만원(물가의 상승분을 감안하여 25년 후 약 2억7,000만원이 현재의 1억원 가치를 갖게 됨)

물가상승률을 4%로 가정 시 돈의 가치의 변화율

(단위: 만원)

상승률	구분	현재	10년 후	15년 후	20년 후	25년 후
4.00%	돈의 가치 변화	10,000	14,802	18,009	21,911	26,658

현재부터 매월 얼마를 투자해야 할까?

다음 자료에서 수익률의 기준은 복리이자율입니다. 25년간의 투자로 약 2억7,000만원을 마련하기 위해 이자율의 변화에 따라 매월 얼

수익률	구분	월 투자액	10년 후	15년 후	20년 후	25년 후
5%	연금1	45	6,988	12,028	18,497	26,798
7%	연금2	33	5,712	10,460	17,191	26,732
8%	연금3	28	5,122	9,689	16,493	26,629
10%	연금4	20	4,097	8,289	15,187	26,537

마를 투자해야 할지를 나타내는 자료입니다. 5%의 수익율을 적용한다면 매월 투자해야 할 돈은 45만원입니다. 하지만 수익률을 10% 수준까지 올리는 것이 가능하다면 매월 투자해야 할 돈은 20만원 수준으로 낮출 수 있습니다.

25년의 긴 투자기간을 가진 노후대비라는 계획에 대해서 안정성만을 고려하여 투자한다면, 노후는 오히려 그 안정성으로 인하여 덜 편해질지도 모릅니다. Q29 의뢰인이 현재 해야 할 일은 25년이라는 충분한 투자기간 동안 수익률을 5%에서 10% 수준까지 끌어올릴 수 있는 금융상품을 찾는 것입니다. 그리고 그런 금융상품을 향후 25년간 어떻게 운용해야 할지에 대해서 공부하는 것입니다.

국민연금 예상 수령액

표준소득월액	등급	감액 1 10년	2 15년	완전 3 20년	4 25년	5 30년	6 35년	7 40년	특례 5년 (25%)	10년 (50%)	연금보험료 지역 (9%)	사업장 (9%)
220,000	1	122,390	186,810	220,000	220,000	220,000	220,000	220,000	64,410	128,830	19,800	19,800
230,000	2	123,100	187,890	230,000	230,000	230,000	230,000	230,000	64,790	129,580	20,700	20,700
240,000	3	123,810	188,980	240,000	240,000	240,000	240,000	240,000	65,160	130,330	21,600	21,600
250,000	4	124,530	190,070	250,000	250,000	250,000	250,000	250,000	65,510	131,080	22,500	22,500
260,000	5	125,240	191,160	260,000	260,000	260,000	260,000	260,000	65,910	131,830	23,400	23,400
270,000	6	125,950	192,240	265,160	267,580	270,000	270,000	270,000	66,290	132,580	24,300	24,300
290,000	7	127,380	194,420	268,160	279,080	290,000	290,000	290,000	67,040	134,080	26,100	26,100
310,000	8	128,800	196,590	271,160	290,580	310,000	310,000	310,000	67,790	135,580	27,900	27,900
340,000	9	130,940	199,860	275,660	307,830	340,000	340,000	340,000	68,910	137,830	30,600	30,600
370,000	10	133,080	203,120	280,160	325,080	370,000	370,000	370,000	70,040	140,080	33,300	33,300
400,000	11	135,210	206,380	284,660	342,330	400,000	400,000	400,000	71,160	142,330	36,000	36,000
440,000	12	138,060	210,730	290,660	363,330	436,000	438,000	440,000	72,660	145,330	39,600	39,600
480,000	13	140,910	215,080	296,660	370,830	445,000	462,500	480,000	74,160	148,330	43,200	43,200
520,000	14	143,760	219,430	302,660	378,330	454,000	487,000	520,000	75,660	151,330	46,800	46,800
570,000	15	147,330	224,870	310,160	387,705	465,250	517,625	570,000	77,540	155,080	51,300	51,300
620,000	16	150,890	230,310	317,660	397,080	476,500	548,250	620,000	79,410	158,830	55,800	55,800
070,000	17	154,450	235,740	325,100	406,455	487,750	569,040	650,330	81,290	162,580	60,300	60,300
730,000	18	158,730	242,270	334,160	417,705	501,250	584,790	668,330	83,540	167,080	65,700	65,700
790,000	19	163,000	248,790	343,160	428,955	514,750	600,540	686,330	85,790	171,580	71,100	71,100
850,000	20	167,280	255,320	352,160	440,205	528,250	616,290	704,330	88,040	176,080	76,500	76,500
920,000	21	172,260	262,930	362,660	453,330	544,000	634,665	725,330	90,660	181,330	82,800	82,800
990,000	22	177,250	270,540	373,160	466,455	559,750	653,040	746,330	93,290	186,580	89,100	89,100
1,060,000	23	182,240	278,160	383,660	479,580	575,500	671,415	767,330	95,910	191,830	95,400	95,400
1,130,000	24	187,230	285,770	394,160	492,705	591,250	689,790	788,330	98,540	197,080	101,700	101,700
1,210,000	25	192,930	294,470	406,160	507,705	609,250	710,790	812,330	101,540	203,080	108,900	108,900
1,290,000	26	198,630	303,170	418,160	522,705	627,250	731,790	836,330	104,540	209,080	116,100	116,100
1,380,000	27	205,040	312,960	431,660	539,580	647,500	755,415	863,330	107,910	215,830	124,200	124,200
1,470,000	28	211,450	322,740	445,160	556,455	667,750	779,040	890,330	111,290	222,580	132,300	132,300
1,560,000	29	217,860	332,530	458,660	573,330	688,000	802,665	917,330	114,660	229,330	140,400	140,400
1,660,000	30	224,990	343,410	473,660	592,080	710,500	828,915	947,330	118,410	236,830	149,400	149,400
1,760,000	31	232,110	354,280	488,660	610,830	733,000	855,165	977,330	122,160	244,330	158,400	158,400
1,860,000	32	239,240	365,160	503,660	629,580	755,500	881,415	1,007,330	125,910	251,830	167,400	167,400
1,970,000	33	247,080	377,120	520,160	650,205	780,250	910,290	1,040,330	130,040	260,080	177,300	177,300
2,080,000	34	254,910	389,080	536,660	670,830	805,000	939,165	1,073,330	134,160	268,330	187,200	187,200
2,190,000	35	262,750	401,040	553,160	691,455	829,750	968,040	1,106,330	138,290	276,580	197,100	197,100
2,300,000	36	270,590	413,010	569,660	712,080	854,500	996,915	1,139,330	142,410	284,830	207,000	207,000
2,420,000	37	279,140	426,060	587,660	734,580	881,500	1,028,415	1,175,330	146,910	293,830	217,800	217,800
2,540,000	38	287,690	439,110	605,660	757,080	908,500	1,059,915	1,211,330	151,410	302,830	228,600	228,600
2,670,000	39	296,950	453,240	625,160	781,455	937,750	1,094,040	1,250,330	156,290	312,580	240,300	240,300
2,800,000	40	306,210	467,380	644,660	805,830	967,000	1,128,165	1,289,330	161,160	322,330	252,000	252,000
2,940,000	41	316,190	482,610	665,660	832,080	998,500	1,164,915	1,331,330	166,410	332,830	264,600	264,600
3,080,000	42	326,160	497,830	686,660	858,330	1,030,000	1,201,665	1,373,330	171,660	343,330	277,200	277,200
3,230,000	43	336,850	514,140	709,160	886,455	1,063,750	1,241,040	1,418,330	177,290	354,580	290,700	290,700
3,380,000	44	347,540	530,460	731,660	914,580	1,097,500	1,280,415	1,463,330	182,910	365,830	304,200	304,200
3,600,000	45	363,210	554,380	764,660	955,830	1,147,000	1,338,165	1,529,330	191,160	382,330	324,000	324,000

노후대비 투자의 원칙

납입기간은 길게 책정하라

당신의 노후가 현재부터 몇 년 남아 있는지 계산하라. 그리고 그 시점까지 지속적으로 투자해야 한다. 노후 시점까지 30년 남아 있고, 향후 10년간 당신이 결정한 금액의 투자가 가능하다면, 10년이 지난 후 또 다른 10년의 투자는 쉽게 실행될 것이다. 그리고 그 다음 10년은 더 쉬워질 것이다. 절대 '10년 납입 20년 거치'라는 형태로 납입의 방향성을 책정하지 말라.

한편, 투자를 지속하는 동안 돈을 내지 못할 상황도 생길 수 있다. 그런 경우를 대비하여 투자액 불입의 유연성을 확보할 수 있는 상품을 선택하라.

노후대비는 안정적이어야 한다는 편견은 버려라

'노후라는 중대한 목표를 위해 안정적인 상품을 선택해야 하지 않을까요?' 라고 생각하는 사람들이 많다. 물가가 4%로 상승하는데 과연 5%의 이자로 당신의 안정적인 노후를 확보할 수 있겠는가?

안정성의 확보란, 이자율을 적용하는 방법 혹은 채권으로 운용하는 방법이다. 일반적으로 노후라는 시기는 10년, 20년, 많게는 30년 후의 일인 경우가 많다. 이렇게 긴 투자기간 동안 안정성을 확보할 수 있는 시기는 언제든지 올수 있다. 시작부터 안정성 확보를 위해 기대할 수 있는 수익률을 포기하지 말라. 당신의 노후가 현재부터 30년 후에 닥친다면 현재부터 못해도 25년은 공격적인 투자, 즉 주식이나 펀드와 같은 투자를 해도 된다. 그리고 노후가 다가오는 5년의 잔여기간 동안 채권의 비중을 높여 관리한다면 당신의 자금은 충분한 안정성 확보의 기회를 얻을 수 있다.

4) 노후자금 마련을 위해 어떤 금융상품을 선택해야 하는가?

Q30 매달 수입은 일정하고, 지출액도 거의 정해져 있습니다. 노후대비를 위해 투자할 수 있는 여윳돈의 금액 또한 정해져 있습니다. 부담이 크지 않은 금액이라면 10년, 20년, 30년 동안 장기적으로 투자를 계속할 수도 있을 것 같습니다. 그런데 5%에서 시작하여 수익률을 순차적으로 7%, 8%, 10%까지 올릴 수 있는 상품은 어떤 것이 있을까요? 아무래도 은행의 예·적금과 주식 투자는 아닌 것 같은데요.

A 그렇습니다. 노후대비를 위해 투자할 수 있는 금액은 정해져 있습니다. 그리고 일반적으로 자신이 원하는 노후생활 규모를 달성하기 위한 실질적인 투자액에 비교하면, 현재 형편으로는 그만큼 투자할 수 없는 경우가 많습니다. 왜냐하면 다른 재무계획인 주택 마련이나 자녀교육, 그리고 기타 목표들도 무시해서는 안 되는 부분이기 때문입니다. 본인에게 가능한 투자액으로 원하는 목표를 달성하기 위해서는 수익률을 높일 수 있는 금융상품을 활용하는 방법이 최선입니다. 개별 주식 투자를 통해 장기적으로 수익률을 발생시키기에는 다소 무리가 있는 것이 현실입니다. 그러므로 펀드형 상품의 힘을 빌리는 것이 최선이라고 생각합니다. 노후대비를 위한 펀드형 상품에는 연말소득공제가 가능한 연금펀드와 변액연금, 변액유니버셜적립보험이 있습니다.

Q30 연말정산시 소득공제도 놓치기 싫은 이득입니다. 남들은 연말정산으로 50~60만원씩 돌려받는데 우리 집만 그렇게 못 받으면 아쉽잖아요. 하지만 변액보험상품도 놓치기 아까운 이점을 가지고 있는 것 같아요. 둘 중에 어떤 상품을 선택하는 것이 좋을까요?

A 두 가지 상품 모두 활용하라고 추천하고 싶습니다. 노후대비라는 목적에 대해서 상품 선택의 가장 큰 기준은 노후의 시점이 왔을 때 연금을 많이 받는 것입니다. 소득공제형 상품은 매년 연말정산을 통해 이득을 보지만 노후의 시점에서 연금을 수령할 때에는 받는 연금액에 세금(5.5%)를 제하고 받게 됩니다. '노후대비'의 순수 목적인 '연금을 조금이라도 많이 받자' 라는 부분에 대해서 소득공제형 연금펀드는 연금수령시 비과세 적용을 받는 상품보다 적합하지 않은 상품입니다. 즉, 비과세로 더 많이 받을 수 있고, 언제 사망할지 모르므로 사망할 때까지 연금으로 받을 수 있는 변액연금보험이나 변액유니버셜적립보험과 같은 상품이 노후대비를 위해서는 적합합니다.

납입 방법의 다양함을 활용하여 두 가지 상품을 모두 활용하세요. 남편은 연금펀드를, Q30 의뢰인은 변액상품을 활용하는 것이 좋습니다.

노후대비를 위해 매월 일정액은 기본적으로 변액상품으로 운용하십시오. 10년 후부터 비과세이고, 노후에 자금을 수령할 때에도 비과세인 장점이 있습니다.

연금펀드라는 상품의 납입 방법은 정액적립식, 자유적립식, 임의식 등으로 구분됩니다. 매월 일정액을 납부해야 하는 방법도 있지만, 여유 있을 때만 낼 수 있는 방법도 있습니다. 남편 앞으로 되어 있는 연금펀드는 임의식으로 책정해 두십시오. 각종 보너스 및 기타 수당을 받거나 혹은 퇴직금을 매년 정산 받을 때, 그리고 그 자금을 노후대비와 연말소득공제 목적으로 활용할 여유가 된다면 그때그때 연금펀드에 투자하여 활용하면 됩니다. 이 부분에 투자할 여력이 되지 않는다면 여유가 생길 때까지 투자하지 않아도 됩니다.

노후대비를 위한 변액상품에는 변액연금보험과 변액유니버셜적립보험이 있습니다. 이 중 연금 수령의 안정성과 더 안정적인 운용에 중점을 두다면 변액연금보험을 선택하는 것이 좋습니다. 반대로 기대수익률을 더 높이고자 조금 더 공격적인 운용에 중점을 두거나, 노후라는 시점에 연금과 더불어 본인의 사업(임대사업, 자영업 등)에 대한 가능성까지 고려한다면 변액유니버셜적립보험을 선택하는 편이 유리합니다.

노후대비 투자의 원칙

당신의 노후는 연장될 수 있다

현재 시점에서 '노후'의 시기는 보통 60세로 인정되고 있다. 하지만 시간이 흐를수록 60세라는 나이가 노후 세대로 인정되는 세태는 차츰 변화할 것이다. 의학의 발달과 생활환경의 변화로 인해 60세도 왕성한 경제활동을 하는 '젊은 세대'로 규정될 가능성이 커졌기 때문이다. 따라서 당신의 실질적인 은퇴 시기는 60세가 아니라 65세, 더 나아가 70세가 될지도 모른다. 지금 현재에도 75세가 넘어서도 경제일선에서 열정적으로 활동하는 실버 근로자들이 점점 늘어나는 추세다. 지금 당장의 가치관과 기준으로 노후를 대비했다가는 나중에 낭패를 당할 수도 있다. 노후를 대비하는 금융상품을 선택할 때 미리부터 연금의 수령 시기를 정하는 것은 옳지 않다. 수령 시기의 자유로운 연장이 가능하거나, 그때 가서 다른 형태로 수령을 결정하거나 선택할 수 있는 금융상품을 고르는 것이 보다 안락한 노후를 대비하는 올바른 자세다.

다양한 활용이 가능한 상품으로 선택하라

노후 시점이 다가왔을 때, 반드시 연금 형태가 아니라도 다른 형태로 당신의 자금을 지급받을 수 있는 방법에는 여러 가지가 있다. 물론 노후 생활의 기본은 연금 수령이다. 하지만 경제활동의 아쉬움이나 그리움으로 인해, 또는 자신이 가진 노하우와 재능을 썩히지 않기 위해 다른 형태의 사업이나 자영업 등을 시작할 수도 있으므로, 여기에 대한 가능성도 충분히 생각해 두어야 한다.

이럴 때는 연금의 형태가 아니라 일시금으로 자금을 수령하여 새로운 경제활동을 지속할 수도 있다. 또는 일정한 규모의 자금은 연금 형태로 수령하고, 나머지 자금은 일시금으로 받아서 새로운 삶을 시작하는 자금줄로 활용할 수도 있다. 이처럼 애초에 다양한 형태로 연금을 활용할 수 있는 금융상품을 선택하는 것이 노후 대비를 위한 바람직한 방법이다.

CHAPTER 05

재무설계
종합 처방전

결혼을 앞둔 미혼 여성의 재무설계

결혼을 앞둔 미혼 남성의 재무설계

결혼 6개월차 맞벌이 신혼부부의 재무설계

지출이 많은 40대 부부의 재무설계

결혼을 앞둔 미혼 여성의 재무설계

월수입: 150만원(3개월에 한 번씩 보너스로 100만원, 연말에 추가보너스 100% 수령)

월지출: 통신비 7만원(엄마와 나), 생활비 30만원(카드값, 식비 및 기타), 교통비 7만원, 부모님 용돈 10만원, 경조사비 10만원, 헬스비 5만원, 보험료 12만원(종신보험), 60만원 넣던 적금이 1년으로 이번 달 만기, 2007년 1월부터 적립식펀드 국내주식형으로 10만원 투자, 옷, 신발 등 구입은 보너스 달에 남는 돈으로 해결

현재 자산: 저축은행 예금 600만원

계획

① 결혼하기 전 1년에 한 번씩 해외여행 가기

② 3년 후 결혼

③ 아이가 생기면 내 집 마련하기

④ 노후대비

1) 현재 현금 자산 현황

'지피지기 백전불태'라는 말이 있듯이 우선 자신의 재무상황을 정확히 파악하는 과정이 가장 중요합니다. 그리고 재무계획에 맞춰 금융상품을 선별하여 관리해야 합니다.

	상품명	금융기관	월불입액	현재 잔액	금리	가입목적	가입연월	만기연월
	예금			13,440,006				
1	예금	상호저축은행		6,000,000	6.80%	목돈 마련		
2	적금만기	상호저축은행		7,440,006		목돈 마련		
	적립식펀드		100,000	1,800,752				
3	성장주펀드	증권회사	100,000	1,800,752	-9.96%	목돈 마련	2007년 1월	
	합계		100,000	15,240,758				

2) 월 평균 수입과 보장성보험료 조정

우선 월수입 관리는 보너스를 포함하여 월평균 수입으로 관리하는 것이 바람직합니다. 즉 월수입은 150만원이 아닌 200만원(150만원+100만원/2)으로 책정하여 관리하는 것이 좋습니다.

그런데 보장성보험인 종신보험의 지출 비중이 높습니다. 미혼 여성이기 때문에 현재 시점에서 종신보험의 주계약인 사망보험금의 필요성이 비교적 낮습니다. 그리고 향후에도 마찬가지입니다. 이 여성에게 적합한 보험의 목적은 건강보장이 가장 큰 부분을 차지합니다. 건강보장의 목적이 크다면 실손의료보험이 적합해 보입니다. 이에 더하여 암보험을 통해 보험을 강화하는 전략이 필요합니다. 보장성보험료 지출 비중은 약 5만원 수준이 적합합니다. 이 두 가지 조정을 통해 매월 저축 및 투자 가능액을 현 70만원에서 1,255,000원으로 늘려서 관리할 수 있습니다.

소득	금액	소계
근로소득		1,500,000
지출	금액	1,510,000
비소비성지출		700,000
정기 저축 및 투자	700,000	적금, 펀드
연금		
대출상환		
소비성지출		810,000
교통비 및 통신비	140,000	
부모님 용돈	100,000	
경조사 및 헬스	150,000	
생활비	300,000	
보장성보험	120,000	종신보험
잉여 자금		-10,000

수정 후 (단위: 원)

소득	금액	소계
근로소득		2,000,000
지출	금액	1,445,000
비소비성지출		700,000
정기 저축 및 투자	700,000	적금, 펀드
연금		
대출상환		
소비성지출		745,000
교통비 및 통신비	140,000	
부모님 용돈	100,000	
경조사 및 헬스	150,000	
생활비	300,000	
보장성보험	55,000	실비보험+암
잉여 자금		550,000

3) 재무계획의 정확한 산정

구분	재무목표	필요시점	준비기간	필요자금
1	긴급예비자금	수시	수시	150만원
2	해외여행자금	2009년	매년	130만원
3	결혼준비자금	2011년	3년	3,000~4,000만원
4	주택마련자금	2015년~	7년 이상	?만원
5	노후대비자금	2042년	34년	월 100만원

긴급예비자금

긴급예비자금은 갑작스레 발생하는 추가 경조사비, 의료비, 명절 선물 등에 대비하기 위한 여유 자금입니다. 미혼이고 부모와 함께

거주하므로 큰 액수의 금액보다는 월 정기지출의 두 배 규모 정도로
보유하는 것이 적당합니다. 활용 시 추천 상품은 CMA 상품이 가장
적합한 것으로 보입니다.

해외여행자금

현재의 삶을 충분히 즐기는 것도 중요합니다. 여행지역별로 차이
가 많습니다만, 평균적으로 1인당 해외여행의 비용은 조금 넉넉하게
130만원 정도로 생각하면 적당할 것 같습니다. 가장 적합한 금융상
품은 상호저축은행 1년 만기 세금우대 적금입니다. 한 달 투자액은
10만원이면 되겠습니다.

결혼준비자금

여성의 경우, 결혼을 위해 필요한 비용은 대략 3,000~4,000만원
입니다. 더 많을 수도 있고, 더 적을 수도 있습니다만, 투자기간은
향후 3년 시점이므로 금융상품의 활용 방향은 안정성(예·적금):공격
성(펀드)은 8:2 정도의 비율로 책정하는 것이 바람직해 보입니다. 3년
이란 투자기간을 고려할 때 공격성을 더 높이는 전략도 좋습니다만,
결혼이라는 중요한 재무계획에 대하여 공격성의 비율을 너무 높이
는 전략은 그다지 추천하고 싶지 않습니다.

주택마련자금

현재의 자금 여력으로는 5년 안쪽으로 주택 구입의 목표를 달성
하기는 쉽지 않습니다. 결혼 전 이를 위한 준비가 어느 정도 되어 있

다면 금상첨화겠지만, 결혼 이후 남편과 소득을 합산하여 새롭게 계획을 세우는 것이 낫다고 생각합니다.

노후대비자금

노후대비를 위한 금융상품의 선택 방향은 현재부터 투자기간이 34년 후라는 점을 감안하여, 안정성보다는 공격성이 높은 금융상품을 선택하는 것이 바람직합니다. 못해도 연평균 수익률 8% 이상을 기대할 수 있는 금융상품이면 좋을 것 같습니다.

노후에 대한 계획은 월 단위 생활비 기준으로 계산하는 것이 편합니다. 현재의 화폐 단위 기준으로 계산해야 합니다. 하지만 물가 상승으로 인한 돈의 가치 하락이라는 부분도 함께 고려해야 합니다.

노후라는 시점에 필요한 매월 생활비 규모는 현 생활비를 고려하여 월 100만원으로 책정합니다. 현재 수입 규모로 국민연금을 30년 납입한다면 매월 66만원 정도 수령이 가능합니다. 100만원-66만원=34만원으로 부족한 부분이 생깁니다. 이 부분을 보강하기 위해 현재부터 향후 34년간 매월 20만원 정도를 투자해야 합니다. 국민연금의 예상수령액이 조정되어 삭감된다면 노후대비 상품의 월 투자액을 늘리면서 관리하는 전략이 필요합니다. 근로자라면 소득공제 부분도 감안하여 투자하는 전략도 필요합니다.

4) 재무계획 및 현 수입을 감안한 추천 포트폴리오

- 상호저축은행 상품은 저축은행의 안정성 문제 때문에 만기를 1년

재무목표	변경 전 투자	변경 후 투자	기간	거치액	현불입금	조정불입액	기대수익률	목표자금
예비자금	월급통장	CMA	초단기	1,440,000				
해외여행자금		상호저축은행 적금	1년			100,000	6.8%	125만원
결혼 준비자금	상호저축은행 예금	상호저축은행 예금	3년(1년단위갱신)	10,000,000			6.8%	
	적금만기	ELS(지수연계펀드)	3년	2,000,000			10~20%	3,500만원~
		상호저축은행 적금	3년(1년단위갱신)			500,000	6.8%	4,000만원
	성장주펀드	성장주펀드	3년 이상	1,800,000	100,000	100,000		
목돈마련자금 −주택마련자금 −기타목돈마련		청약부금				50,000		
		소형가치주펀드				100,000		
		해외적립식펀드				200,000		
노후대비		연금펀드(소득공제용)	10년 이상		임의식(보너스 활용)			
		변액유니버셜적립보험	10년 이상			200,000		
합 계				15,240,000	100,000	1,250,000		

닦위로 책정하여 관리하는 것이 바람직합니다.

- ELS(지수연계펀드)는 2stock 상품이 대부분입니다. 가입 시 신중하게 상품을 선별하는 과정이 필요합니다.

- 현재 활용 중인 적립식펀드의 수익률은 좋지 않은 시장 상황에 의해 마이너스입니다. 하지만 앞으로 꾸준히 불입을 유지한다면 2~3년 이후에는 좋은 결과가 있을 것입니다. 납입을 유지하길 바랍니다.

- 현재 활용 중인 펀드 및 향후 활용할 펀드에 대해서는 주기적이고 꾸준한 수익률 관리 및 경제 상황 체크를 할 수 있도록 재무담당자의 도움을 받은 것이 좋겠습니다.

- 세대주 변경이 가능하다면 청약상품은 청약저축으로 관리하는 것이 바람직합니다. 변경이 불가능하다면 청약부금을 활용하세요.

- 세대주 변경이 가능하다면 목돈마련자금 계획에서 장기주택마

련펀드 상품을 활용하는 것을 추천합니다.

- 노후대비 부분에서 소득공제용 연금펀드는 매월 적립식보다는 목돈이 발생할 때 낼 수 있는 임의식으로 활용하는 것이 바람직합니다.

건실한 상호저축은행 고르는 방법

안전한 상호저축은행을 선택하라

일반은행보다 내외적으로 규모가 작은 은행이 이른바 상호저축은행이다. 그러므로 재무적으로 건실한 상호저축은행을 활용해야 한다. 자산의 건전성을 판단하는 기준은 자기자본비율(BIS) 8.0% 초과, 고정이하여신비율 8.0% 이하로 본다.

위 기준은 상호저축은행중앙회 홈페이지(http://www.fsb.or.kr) 경영공시실에서 확인이 가능하다.

예금자보호의 한도(5,000만원) 내에서 거래하라

상호저축은행은 일반은행보다 금리가 높은 반면, 안정성 면에서는 일반은행에 미치지 못한다. 하지만 1인당 5,000만원까지는 예금자보호법의 보호를 받는다. 한 상호저축은행에서 거래금액이 이자를 포함하여 5,000만원이 넘을 경우, 초과되는 금액을 다른 상호저축은행에 예금하는 것이 안전하다.

세금우대와 특판상품을 활용하라

일반 예 · 적금의 이자에 대한 세금은 15.4%이다. 하지만 세금우대 상품을 신청하면 이자에 대한 세금이 9.5%로 절감된다. 세금우대는 1인당 2,000만원까지 가능하다. 예를 들어 1,000만원을 1년간 이자율 7%로 예치할 경우, 일반예금 이자는 592,200원이지만, 세금우대를 신청하면 이자가 633,500원이 된다.

결혼을 앞둔 미혼 남성의 재무설계

월수입: 평균 250만원

월지출: 통신비 7만원, 교통비 10만원, 생활비 30만원, 데이트 비용 20만원, 경조사비 10만원, 종신보험 15만원, 운전자보험 5만원, 연금보험 25만원, 장기주택마련저축 30만원, 청약저축 10만원, 6개월 전부터 국내주식형 적립식펀드 20만원 납입

현재 자산: 각종 보험과 저축, 현금 없음

계획

① 중고 자동차 구입 예정

② 4년 후 결혼

③ 10년 후 내 집 마련

④ 노후대비

1) 현재 현금 자산 현황

모든 금융상품의 가입과 활용에 대한 판단 기준은 본인의 계획이어야 합니다. 결혼자금, 내 집 마련을 위한 모든 계획 말입니다. 현재 활용 중인 금융상품 중 50% 이상은 가입 목적이 연말정산입니다. 연금보험, 장기주택마련저축이 이에 해당이 됩니다. 연말정산이라는 목적도 물론 중요합니다만 이보다 더 중요한 것은 꼭 필요한

시기에 적정 규모의 자금 마련이 가능하도록 금융상품을 활용하는 것입니다.

(단위: 원)

	상품명	금융기관	월불입액	현재 잔액	금리	가입목적	가입연월	만기연월
	예 · 적금		400,000	2,400,000				
1	청약저축	은행	100,000	600,000	4.50%	주택마련	2008년 3월	2010년 3월
2	장기주택마련저축	은행	300,000	1,800,000		주택마련	2008년 3월	2010년 3월
	적립식펀드		200,000	1,800,000				
1	국내주식형	증권회사	200,000	1,800,000		목돈마련	2008년 3월	
	채권형 연금자산		250,000	1,500,000				
1	연금보험	보험회사	250,000	1,500,000		노후대비	2008년 3월	
	합 계		850,000	5,700,000				

2) 소비성지출: 보장성보험과 기타비용 지출

기타비용 지출

위 남성의 재무 상태와 가계수지를 정리하면, 매월 68만원은 남거나 금융상품으로 활용되고 있어야 합니다. 그런데 대부분 남성의 통장에는 0으로 기록되고 있을 것입니다. 왜 그럴까요? 계획 없이 이루어지는 소비가 통장을 0으로 만들고 있습니다. 이때가 선저축 후소비의 습관이 가장 필요한 시기입니다. 당신의 재무계획을 달성하기 위해 현재부터 저축과 투자를 위해 필요한 자금의 규모를 인지해야 합니다. 그래야 유흥비, 데이트 비용 등 기타 비용 지출에 대한 통제가 가능할 것입니다.

무엇보다 '4년 후 결혼하려면 지금부터 매월 100만원은 저축해야 하겠다. 현재 최대한 저축할 수 있는 돈은 이 정도 되니까, 그래! 괜히 술 먹고, 흥청망청 새는 돈을 줄여 일단 저축을 늘려보자' 라는 마음가짐을 가져야 합니다.

보장성보험 지출

보장성보험에 가입할 때도 그 목적이 가장 중요합니다. 사망보장, 건강보장, 배상책임, 노후보장과 같은 목적 중 현재 가장 필요한 항목은 무엇인지를 정확히 판단하고 결정해야 합니다. 의뢰인은 아직 미혼이므로 책임져야 할 부양가족은 없습니다. 때문에 현재는 사망보장의 필요성이 낮습니다. 사망보장은 결혼 후에 책정해도 늦지 않습니다. 이 의뢰인에게 필요한 보장은 건강보장, 배상책임, 노후보장입니다. 현재 보유 중인 종신보험 내역에서 적합하지 않은 보장을 찾아보세요. 그리고 그 부분의 수정을 통해 합리적으로 월지출을 조정해야 합니다. 또한 현재 운전을 하지 않으므로 운전자보험의 필요성은 거의 없습니다. 이 남성의 연령과 상황을 고려할 때 적절한 보장성보험료의 수준은 6~7만원입니다.

3) 재무계획의 정확한 산정

이 남성의 재무목표는 다음과 같습니다. 이렇게 다양한 목표들 중 중요도에 따라 우선순위를 정해 봅시다. 일반적으로 미혼 남성의 경우 가장 중요한 재무계획은 결혼입니다. 그런 다음 자동차 구입이나 주택 마련과 같은 재무계획들이 이어집니다.

구분	재무목표	필요시점	준비기간	필요자금
1	긴급예비자금	수시	수시	150만원
2	중고차구입자금	현재	현재	1,300만원
3	결혼준비자금	2012년	4년	7,000만원
4	주택마련자금	2018년	10년	?만원
5	노후대비자금	2040년	32년	월 100만원

긴급예비자금

예비자금의 적절한 규모는 현 지출 규모를 감안할 때 150만원 정도 필요합니다. 현재 보유 중인 예비자금이 없으므로 매월 일정액을 예비자금통장(CMA)에 투자하여 보유해야 합니다.

중고차구입자금

원하는 중고자동차 가격이 1,300만원이라 가정합시다. 중고차는 현금으로 사는 것이 가장 유리합니다만, 현재 현금자산이 충분치 않으므로, 할부로 구매를 한다고 가정한다면 36개월 할부 기준으로 매월 47만원 정도 중고차 구입 비용으로 지출하게 됩니다. 결혼이나 다른 재무계획의 원활한 달성을 위해 자동차 구입 시기를 조금 뒤로 미루는 것이 좋겠습니다. 그러나 현재의 윤택한 생활도 중요하므로 중고차를 구입할 때 필요한 금액의 20% 수준을 현금으로 결제할 수 있는 시기까지 기다린 후 구입하는 방법을 추천하고 싶습니다.

결혼준비자금

남성의 경우 결혼이라는 재무계획에 대한 준비는 신혼집을 마련하는 것입니다. 서울을 포함한 수도권에서 82m²규모의 아파트 전세보증금은 1억원~1억2,000만원 수준입니다. 부모로부터 지원을 받거나, 은행권의 전세자금대출 활용, 또는 배우자의 자산을 합해 준비한다고 하더라도 최소한 7,000만원 정도는 준비해야 합니다.

투자기간: 4년
적금이자율: 6.8%(상호저축은행 이자율 기준)
7,000만원 마련을 위한 월 필요 저축액: 약 130만원

4년 후 결혼을 위한 전세자금 마련을 위해 현재부터 최소한 만기가 4년 미만인 금융상품으로 매월 130만원은 저축을 해야 합니다. 현재 수입 대비 소비성지출을 제외한 실질 저축 및 투자액은 85만원입니다. 현재 활용 중인 금융상품 중 결혼시기와 만기가 맞지 않거나 전세자금 마련에 적합하지 않은 금융상품은 연금보험, 장기주택마련저축, 청약저축입니다. 결혼이라는 재무계획을 달성하기 위해 위 상품의 투자액을 수정하거나 소비성지출을 수정하는 과정이 반드시 필요합니다.

4년이라는 여유로운 투자기간을 고려하면 금융상품의 선택 방향은 안정성:공격성=4:6 혹은 3:7로 관리하여 적금의 이자율보다 높은 기대수익률을 얻을 수 있도록 관리하는 전략을 세워야 합니다.

주택마련자금, 노후대비자금

위 두 가지 재무계획(중고차 구입, 결혼준비자금)이 가장 시급하고 중요한 계획이라고 판단됩니다. 위 두 가지 계획을 달성하기 위해 월

170만원 이상의 투자가 필요합니다. 주택마련자금에 대해서는 기본적인 조건인 청약상품만 유지하고, 노후대비에 대한 부분도 시작 시기를 뒤로 미루는 것이 적합해 보입니다.

4) 월 가계 현황 수정 및 포트폴리오 구성

기타비용으로 지출했던 68만원을 모두 저축 및 투자로 전환하기란 쉽지 않습니다. 미래를 위해 세운 재무계획을 달성하기 위해서는 이 부분에 대한 조정이 불가피합니다. 보장성보험의 지출 또한 조정이 필요합니다. 그리고 가장 우선순위에 있는 결혼준비라는 재무계획에 적합하지 않은 금융상품의 투자액 조정을 통해 매월 저축 및 투자 가능액을 156만원(청약저축, 펀드 포함)가량으로 늘려서 관리하는 것이 바람직합니다.

(단위: 원)

재무목표	변경 전 투자	변경 후 투자	기간	거치액	현 불입액	조정 불입액	기대수익률	목표자금
긴급예비자금		CMA	수시			60,000		
중고차구입자금		적금(상호저축은행)	1년 만기			200,000		
결혼준비자금		적금(상호저축은행)	2년 만기			400,000		
	국내주식형펀드	국내주식형펀드	3년 이상	1,800,000	200,000	300,000		7,000만원
		국내소형가치주펀드	3년 이상			300,000		
		해외펀드	3년 이상			200,000		
주택마련자금	청약저축	청약저축		600,000	100,000	100,000		
	장기주택마련저축	장기주택마련저축		1,800,000	3,00,000	납입일시중지		
은퇴자금	연금보험	연금펀드		1,500,000	2500,000	임의식		
				5,700,000	8500,000	1,560,000		

수정 전		
소득	금액	소계
근로소득		2,500,000
지출	금액	2,500,000
비소비성지출		850,000
정기 저축 및 투자	600,000	장마, 청약,
연금	250,000	펀드
대출상환		연금저축보험
소비성지출		1,650,000
핸드폰비	70,000	
데이트비용	200,000	
생활비	300,000	
교통비	100,000	
경조사	100,000	
기타	680,000	
보장성보험	200,000	종신, 운전자
잉여 자금		

(단위: 원)

수정 후		
소득	금액	소계
근로소득		2,500,000
지출	금액	1,240,000
비소비성지출		300,000
정기 저축 및 투자	300,000	청약, 펀드
연금		
대출상환		
소비성지출		940,000
핸드폰비	70,000	
데이트비용	200,000	
생활비	300,000	
교통비	100,000	
경조사	100,000	
기타	100,000	
보장성보험	70,000	실비건강보험
잉여 자금		1,260,000

위의 표를 참조하십시오. 소득공제용 연금보험은 연금저축의 계약이전 제도를 활용하여 연금펀드로 전환하는 것을 추천합니다. 현재부터 노후라는 시점까지의 투자기간을 감안할 때 안정적인 투자 방향보다는 공격적인 투자 방향이 적합해 보입니다. 그리고 투자 방법은 매월 내는 방식이 아닌 '임의식'으로 변경하세요. 노후대비에 대한 투자에 대해서는 결혼 이후에 금융상품 전반에 대한 투자액을 재조정하는 것이 바람직해 보입니다.

장기주택마련저축상품 또한 결혼준비라는 계획과 만기가 맞물리지 않으므로 재투자의 시작 시기를 결혼 이후로 미루는 전략이 바람직해 보입니다.

재무계획의 우선순위를 정하라

1. 명확한 재무목표를 수립하라

인생의 어느 시점과 기간에 따라 여러 가지 재무계획이 있을 수 있다. 하지만 이런 계획들을 한 번에 모두 달성하는 것은 불가능한 일이다. 그러므로 재무계획을 세울 때에는 가장 먼저 명확하고 뚜렷한 목표를 수립하고 난 후, 그목표들이 언제 어떻게 어떤 형태로 필요한지 파악하고 기록해야 한다.

2. 가장 중요한 목표에 우선 집중하라

가장 중요한 목표를 위해 재무계획을 꼼꼼히 세우고, 덜 중요한 목표들은 잠시 뒤로 미루라. 복잡한 일을 처리할 때 가장 중요하고 핵심적인 사항부터 차례로 처리하고 나면, 나머지 문제들은 훨씬 수월하게 처리할 수 있다. 그렇다고 다른 재무계획들을 무시해서는 안 된다. 하나의 성취로 그치지 말고 정해놓은 순위대로 목표를 달성하도록 하자.

3. 재무목표 수립 시 혼선에 대비하라

재무계획을 꼼꼼하게 세워놓고도 우선순위에 혼란을 느낄 수 있다. 예를 들어, 결혼자금 마련이 우선순위가 되어야 하는지, 자동차 구입이 우선순위가 되어야 하는지 판단이 안 되는 것이다. 이런 경우에는 그 목표들 중에서 당신과 비슷한 상황에 처한 다수가 우선시 하는 목표가 무엇인지 생각해보라. 특수한 계층이 아닌 많은 사람들이 중요하게 생각하는 재무목표가 당신에게도 중요한 목표가 될 가능성이 높다.

4. 지금 당장 시작하라

재무목표를 수립하는 것을 차일피일 미루거나, 재무목표를 수립한 후에 당장 실행하지 않으면 당신의 재무설계는 점점 더 어려워진다. "지금부터라도 해볼까?"라는 생각이 든다면 지금 당장 시작하라.

결혼 6개월차 맞벌이
신혼부부의 재무설계

월수입: 남편 280만원, 부인 200만원, 명절 보너스 조금, 연말 보너스 100% 씩 수령

월지출: 관리비 15만원, 인터넷과 TV 3만원, 주유비 20만원, 부부 용돈 각 자 20만원, 통신비 10만원, 대출이자 15만원, 경조사비 10만원, 교통비 10 만원, 생활비 100만원, 남편이 2005년 10월에 가입해서 유지하고 있는 장 기주택마련저축 월 10만원 유지

현재 자산 및 대출 현황: 일반예금 500만원, 전세보증금 1억 2,000만원, 전 세자금 대출 2,000만원

계획

① 전세자금 대출은 2년 만기로, 한 번에 갚아야 함

② 임신 4개월째이므로 2세 양육비 및 교육비 준비 시작

③ 보험 상품 가입 희망

④ 세 식구 사는데 불편함이 없을 정도로 방 세 개짜리 아파트 장만 계획, 현 시세 2억5천만원

⑤ 노후대비

⑥ 주택 구입할 때까지 맞벌이 유지

1) 현재 자산 현황

자산	시가	명의	부채	현 잔액	대출이자	이자율	대출기간
전세보증금	120,000,000	부부	전세자금대출	20,000,000	150,000	8.8%	2년

	상품명	금융기관	월 불입액	현재잔액	금리	가입목적	가입연월	만기연월
1	장마저축	은행	100,000	3,600,000	4.90%	주택마련	2005년 10월	2012년 10월
2	예금	은행		3,000,000	0.20%	수시입출		
	자산 계		126,600,000		부채 계			20,000,000
		순자산						106,600,000

2) 월 평균 지출 조정

수정 전

소득	금액	소계
근로소득		4,800,000
지출	금액	2,330,000
비소비성지출		250,000
정기 저축 및 투자	100,000	장마저축
연금		
대출상환	150,000	전세자금대출
소비성지출		2,080,000
관리비 및 인터넷	180,000	
교통 및 통신비	200,000	
경조사비	100,000	
차량유지비	200,000	
부부 용돈	400,000	
생활비	1,000,000	
보장성보험		
잉여 자금		2,470,000

수정 후

소득	금액	소계
근로소득		4,800,000
지출	금액	2,550,000
비소비성지출		250,000
정기 저축 및 투자	100,000	장마저축
연금		
대출상환	150,000	전세자금대출
소비성지출		2,300,000
관리비 및 인터넷	180,000	
교통 및 통신비	200,000	
경조사비	100,000	
차량유지비	200,000	
부부 용돈	400,000	
생활비	1,000,000	정기+실비+암
보장성보험	220,000	+태아보험
잉여 자금		2,250,000

3) 보장성보험의 구성

가족에게 닥칠 수 있는 건강상의 위험에 대비하기 위해 보장성보험을 준비하는 것이 가장 시급한 부분입니다. 보험료의 비율은 총수입 대비 5% 이하가 적합합니다. 사망보장은 가장이 짊어져야 할 가족에 대한 최소한의 책임이라고 생각하면 됩니다. 사망보장의 책정 방법은 정기특약으로 보장기간은 자녀가 독립할 즈음인 향후

대상자		남편	배우자	구분		태아
구분	보장기간	정기보험+실비보험	암보험+ 실비보험	구분	보장기간	어린이실비보험
일반사망	종신			상해사망		200만원
정기특약		5,000만원	1,000만원	상해후유장해		1억원
재해사망	60세	1억원	1,000만원	조혈모세포이식수술비		2,000만원
재해장해		~5,000만원	~1,000만원	5대장기이식수술비		2,000만원
암 진단비		3,000만원	3,000만원	진단비		3,000만원
암 수술비		400만원	400만원	암 수술비		100만원
암 입원비		10만원	10만원	입원비		10만원
급성심근경색증	80세	1,000만원	1,000만원			
뇌졸중		1,000만원	1,000만원			
성인병 수술비		100만원	100만원	자녀 수술비		50만원
성인병 입원비		3만원	3만원	10대질환 입원비		2만원
일반 수술비				일반 수술비	20세	
질병 입원비		3만원	3만원	질병 입원비		2만원
재해 입원비		2만원	2만원	재해 입원비		2만원
재해 골절치료비	100세	30만원	30만원	골정/화상치료비		30만원
질병 통원의료비		30만원	30만원	질병 통원의료비		10만원
질병 입원의료비		5,000만원	5,000만원	질병 입원의료비		5,000만원
상해의료비		1,000만원	500만원	상해의료비		500만원
일살생활배상책임		1억원	1억원	자녀배상책임		1억원
벌금		2,000만원		저체중아육아비		5만원
형사합의지원금	80세 까지 가능	3,000만원		신생아입원급여금		1만원
형사합의지원금		2,000만원		선천성이상수술비		100만원
방어비용		300만원				
총 보험료		120,000원	65,000원	총 보험료		33,000원
납입기간		20년	20년	납입기간		20세 납

25~28년까지면 좋겠습니다. 보장의 규모는 연봉의 세 배 정도로 책정하는 것이 적당합니다. 예를 들어, 1억원이란 사망보장이 필요하다면 보험료 절약 및 효율성을 고려하여 일반사망에 5,000만원, 재해사망 부분에 1억 5,000만원 수준으로 보장받을 수 있도록 구성하는 것이 좋습니다. 건강보장은 3인 가족 모두에 대해서 기본적으로 실손의료보험으로 구성하는 것이 바람직합니다. 위 가정에 추천할 만한 보장성보험의 형태는 앞의 표와 같습니다.

4) 재무계획의 정확한 산정

구분	재무목표	필요시점	준비기간	필요자금
1	긴급예비자금	수시	수시	500만원
2	대출상환자금	2010년	2년	2,000만원
3	내집마련자금	2011년	3년	2억6,000만원
4	자녀교육자금	2028년	20년	1억2,000만원
5	노후대비자금	2036년	28년	월 230만원

긴급예비자금

예비자금의 규모는 현재 월 지출의 두세 배가량 보유하는 것이 좋습니다. 지출은 대출 상호나 자금을 포함하여 245만원이므로, 이 금액의 두 배인 약 500만원은 보유해야 합니다. 마침 월급 통장에 500만원이 있으므로 이 자금을 CMA통장 발급 후 관리하면 됩니다.

대출상환자금

투자기간이 2년이므로 금융상품의 선택 방향은 공격적인 것보다는 안정적인 방향이 더 적합해 보입니다. 상호저축은행 적금을 추천하고 싶습니다. 대출이자율이 8.8%, 저축은행의 이자율은 약 6.8%입니다. 절대적인 이자율 수치만으로는, 대출이 있는 상황에서 적금을 활용한다는 것이 바람직하지는 않습니다. 하지만 대출상환 방법 중 만기 전에 일정액을 미리 상환할 때 중도상환수수료를 물어야 합니다. 기간에 따라 0.5~2% 정도 됩니다. 그렇기 때문에 대출받은 후 적어도 1년이 넘는 시점부터 상환을 계획하는 것이 바람직합니다. 1년 만기 상호저축은행 적금에 가입하여 1년에 한 번씩 대출을 중도상환 하세요. 매월 필요한 적금액은 80만원입니다.

내집마련자금

고려하고 있는 주택의 현재 시세는 2억5,000만원입니다. 하지만 실제 필요한 금액은 부대비용(세금과 기타비용)을 감안하여 약 2억6,000만원 정도 됩니다. 현재 시점에서 이 부부가 원하는 주택을 구입하려고 한다면 부족한 자금의 규모는 1억5,000만원입니다. 이 금액의 대출이 은행에서 가능할지에 대해서도 불분명합니다만, 만약 대출을 받았을 때 매월 상환해야 할 대출상환액은 116만원 정도 됩니다. 너무 부담스럽죠. 현재는 내 집 마련의 시기로는 적합해 보이지 않습니다. 좀더 시간이 필요합니다.

이 부부가 주택을 마련하기 위한 적합한 시기는 총 자산액이 원하는 주택 시세의 70% 가량 되는 시기가 적합합니다. 이 가정의 현금흐름을 감안할 때 적합한 시기는 약 4년 후쯤이 될 것 같습니다.

현재 활용 중인 장기주택마련저축의 10만원 투자액을 40만원 수

수익률	자산 구분	현재	1년 후	2년 후	3년 후	4년 후	5년 후
0.0%	전세보증금	12,000	12,000	12,000	12,000	12,000	12,000
4.0%	긴급예비자금	500	520	541	562	585	608
4.5%	장마저축 잔액	360	360	376	393	411	429
4.5%	장기주택마련저축	40	490	1,003	1,539	2,099	2,686
5.8%	저축은행 적금(2년 후)			80	986	2,031	3,137
5.8%	저축은행 적금	10	123	254	392	539	694
4.5%	청약저축	10	123	251	385	525	671
10.0%	적립식펀드	70	880	1,851	2,925	4,111	5,421
	합산 자산액	12,990	14,495	16,355	19,182	22,300	25,647
	전세자금대출 잔액	2,000	2,000	2,000			
	순자산 총액	10,990	12,495	14,355	19,182	22,300	25,647
3%	목표 아파트	26,000	26,780	27,583	28,411	29,263	30,141
	부족한 자금	15,010	14,285	13,228	9,229	6,963	4,494
7%	대출 월 상환액(20년)	116	111	102	71	54	34

준으로 늘려서 활용하는 전략도 좋습니다. 이 상품의 이자율은 높지 않습니다만, 연말소득공제의 혜택을 감안할 때 일반 적금을 활용하는 것보다 바람직해 보입니다.

청약상품을 하나 보유하는 것도 좋은 방법입니다. 4년 후에 기존에 있던 주택을 구입할 수도 있겠지만, 신규로 건설되는 아파트에 입주할 수도 있겠죠. 기본적인 준비는 해놓아야 선택의 폭을 넓힐 수 있습니다.

그리고 앞으로 4년이라는 투자기간을 감안할 때 금융상품의 활용 방향은 안정성보다는 공격성에 더 많은 비중을 두고 책정하는 것이 좋습니다. 2년 후 전세자금대출의 상환이 끝나는 시점부터 주택 마련을 위해 80만원 정도 자금을 추가로 활용하는 것도 가능하므로 이 부분도 감안해야 합니다. 4년 후 주택을 구입할 경우 마음에 두고 있던 주택의 시세는 약 3억원 정도 될 것으로 보입니다. 그때 이 가정의 예상 자산 규모는 2억2,000만원으로 예상됩니다. 부족한 자금의 규모는 약 7,000만원인데, 이 자금을 대출을 받게 되면 매월 상환해야 할 금액은 54만원 정도 됩니다. 이 수준의 대출상환액은 큰 무리가 되지 않을 것이라고 판단됩니다. 하지만 월수입이 상승하는 부분을 감안하고 적립식펀드의 기대수익률이 위 수치보다 더 높게 기록될 수도 있는 가능성을 감안하면 실질 자산액은 조금 더 높을 수도 있습니다.

자녀교육자금

자녀교육자금의 주된 목적은 대학등록금과 유학 및 어학연수 비용 마련입니다. 이 비용은 앞으로 20년 후에 필요한 자금입니다. 물가상승분을 감안하면 20년 후에 1억2,000만원가량이 필요할 것입니다.

이 자금을 마련하려면 현재부터 17~20만원씩 투자해야 합니다. 자녀교육자금에 대한 투자는 아이가 출생한 후에 시작해도 늦지 않습니다.

그때부터 필요한 월 투자액의 50% 수준에서 시작하고, 주택마련이나 전세자금대출상환이 완료되는 시점부터 조금씩 투자액을 늘리며 관리하는 것이 바람직합니다.

노후대비자금

노후대비를 위한 금융상품의 선택은 현재부터 투자기간이 28년 후라는 점을 감안하여, 안정성보다는 공격성이 높은 금융상품을 선택하는 것이 좋습니다. 적어도 연평균 수익률을 8% 이상 기대할 수 있는 금융상품이면 바람직해 보입니다.

이 가정에 필요한 노후생활비 규모는 매월 230만원입니다. 현재 국민연금으로 받을 수 있는 예상 수령액은, 남편은 30년 납입 기준으로 매월 96만원, 부인은 15년 기준으로 38만원 정도로 예상됩니다. 노후대비를 위한 주 대상자 투자 비중은 여성:남성=7:3 정도로 차등을 두고 책정하는 것이 좋습니다. 왜냐하면 아무래도 여성이 더 오래 살기 때문이죠. 노후대비를 위해 추가적으로 준비해야 할 자금의 규모는 230만원－134만원=96만원입니다.

물가 상승률 4% 수준을 감안할 때 28년 후에는 약 280만원 정도의 노후생활비가 있어야 현재의 96만원의 가치를 갖게 됩니다. 280만원의 노후대비 생활비를 받기 위해서는 28년 후에 약 8억원이란 큰 규모의 자산이 필요합니다. 8억원이란 자산을 5년, 10년의 투자기간으로 마련하기가 쉽지 않습니다. 그래서 젊었을 때 조금씩이라도 꾸준히 준비해야 합니다. 8억원이란 자산을 28년 동안 마련하기 위해서는 약 8%의 수익률을 기대하고 매월 65만원씩 투자해야 합니다.

현 시점에서는 65만원의 50% 수준에서 시작하세요. 30~35만원 선이 적합해 보입니다. 그리고 전세자금대출상환이나 내 집 마련이 완료되는 시점에 투자액을 늘려서 관리하는 전략이 바람직해 보입니다.

5) 재무계획 및 현 수입을 감안한 추천 포트폴리오

재무목표	변경 전 투자	변경 후 투자	기간	거치액	현불입액	조정불입액	기대수익률	목표자금
예비자금	월급통장	CMA	초단기	5,000,000			4.7%	
대출상환자금		상호저축은행 적금	2년(1년단위 갱신)			800,000	6.8%	2,000만원
주택마련자금	장기주택마련저축	장기주택마련저축	~4년	3,600,000	100,000	400,000	4.5%	
		청약저축	2년 이상			100,000	4.5%	
		상호저축은행 적금	2년(2년단위갱신)			100,000	6.8%	
		국내적립식펀드 2개	3년 이상			400,000		
		해외적립식펀드 2개	3년 이상			300,000		
자녀교육자금		어린이펀드 or 어린이변액유니버셜보험	10년 이상					
노후대비자금		변액유니버셜적립보험	10년 이상		임의식(보너스 활용)			
		연금펀드(소득공제용)	10년 이상			250,000		
		합 계		8,600,000	100,000	2,350,000		

시간은 당신의 가장 큰 우군이다

투자기간이 짧다면 주식, 펀드의 수익률은 이자율과 투자자의 심리적인 감정, 거시경제의 변화 등 여러 가지 변수에 의해 심하게 출렁일 수 있다. 즉, 주식형상품에 단기간 투자할수록 투자는 위험성이 커지게 되는 것이다. 반면, 투자기간이 충분하면 당신이 원하는 기대수익을 얻을 가능성이 커지고, 위험성은 낮아진다. 따라서 주식형상품의 투자는 충분한 투자기간이 가능한 재무계획, 즉 자녀교육, 노후대비 등에 대해 공격적으로 운용하도록 한다.

골고루 분산된 포트폴리오로 위험을 덜어라

투자의 위험을 줄이는 가장 좋은 방법은 분산투자다. 투자처 일부의 수익률이 악화되더라도 나머지 투자처의 수익률이 상승한다면 위험은 당연히 줄어든다. 이는 하나의 투자처가 큰 수익을 기록하더라도 전체 투자는 수익률이 낮아질 수도 있음을 의미한다. 재무설계의 기본은 실패하지 않는 것이다. 높은 수익보다 위험을 줄여 적정 수익을 유지하는 것이 재무설계의 원칙이라는 것에 동의한다면 분산투자하라.

지출이 많은 40대 부부의 재무설계

가족 구성: 41세 남편, 배우자, 4세와 7세 두 자녀

월수입: 남편 440만원, 부인 42만원

월지출: 자녀 교육비 775,000원, 관리비+통신비+공과금 27만원, 문화생활 19만원, 생활비 100만원, 용돈 13만원, 교통비 24만원, 경조사 및 기타 50만원, 보험료 88만원, 대출이자 59만원

현재 자산 및 대출 현황: 곗돈 25만원(올해 12월에 받음), 1년 만기 적금 50만원(올해 10월만기), 2005년 6월에 부인 앞으로 가입한 연금보험 16만원(7년납입), 남편 앞으로 납입이 완료된 연금보험(현재 잔액 2,400만원), 청약예금 900만원, 일반예금 2,500만원, 주택대출상환액 3,000만원

계획

① 방 세 개짜리 작은 평수 아파트 소유, 시세 2억6,000만원

② 2~3년 후 자동차 교체 희망

③ 4년 후 결혼 10주년 해외여행 계획

④ 자녀 교육자금 마련

⑤ 노후대비(보장성보험으로 월 80만원 이상 납입)

1) 월 단위 가계 현금 흐름

이 가정의 가계 현금 흐름은 현재 마이너스 66만원인 상황입니다.

수정 전				수정 후		(단위: 원)
소득	금액	소계		소득	금액	소계
근로소득		4,820,000		근로소득		4,820,000
지출	금액	5,485,000		지출	금액	4,380,000
비소비성지출		1,500,000		비소비성지출		1,100,000
정기 저축 및 투자	750,000 겟돈, 적금			정기 저축 및 투자	750,000 겟돈, 적금	
연금	160,000			연금	160,000	
대출상환	590,000			대출상환	190,000	
소비성지출		3,985,000		소비성지출		3,280,000
교육비	775,000			교육비	775,000	
관리, 통신 공과금	270,000			관리, 통신, 공과금	270,000	
문화생활	190,000			문화생활	190,000	
용돈	130,000			용돈	130,000	
교통비	240,000			교통비	240,000	
경조사 및 기타	500,000			경조사 및 기타	400,000 정기보험+실비	
생활비	1,000,000			생활비	1,000,000 보험+암+어린	
보장성보험	880,000			보장성보험	275,000 이실비	
잉여 자금		-665,000		잉여 자금		440,000

현 시점에서 가장 시급한 부분은 가계 수지를 마이너스에서 플러스로 돌리는 방법을 찾는 것입니다. 이 가정의 현금 흐름에서 세 가지 부분만 수정하면 마이너스 상황은 바로 플러스로 바뀔 수 있습니다.

2) 현 자산 현황

(단위: 원)

	자산	시가	명의	부채	현 잔액	대출이자	이자율	대출기간
	아파트	260,000,000	부부	부동산담보	30,000,000	590,000	7%	5년
	상품명	금융기관	월불입액	현재 잔액	금리	가입목적	가입연월	만기연월
1	청약예금	은행		9,000,000	4.60%	주택마련		
2	예금	증권회사		25,000,000		목돈마련		
3	겟돈		250,000	2,000,000	16.80%		2008년 1월	2008년 12월
4	적금	은행	500,000	5,000,000	5.00%		2007년 11월	2008년 10월
	상품명	금융기관	월불입액	현재 잔액	대상자	가입연월	납입기간	연금개시
1	연금보험	보험회사	160,000	6,300,000	배우자	2005년 6월	~2012년 5월	60세
2	연금보험	보험회사		24,000,000	본인		완료	60세
	자산 계		331,300,000	부채 계				30,000,000
		순자산						301,300,000

3) 보장성 보험

4인 가족 기준 적합한 보험 구성

대상자		남편	배우자		자녀	
구분	보장기간	정기보험+실비보험	암보험+ 실비보험	구분	보장기간	어린이실비보험
일반사망	종신			상해사망		200만원
정기특약		1억원	1,000만원	상해후유장해		1억원
재해사망	60세	1억원	1,000만원	조혈모세포이식수술비		2,000만원
재해장해		~1억원	~1,000만원	5대장기이식수술비		2,000만원
암 진단비		3,000만원	3,000만원	진단비		3,000만원
암 수술비		400만원	400만원	암 수술비		100만원
암 입원비		10만원	10만원	입원비		10만원
급성심근경색증	80세	1,000만원	1,000만원	식중동위로금		10만원
뇌졸중		1,000만원	1,000만원			
성인병 수술비		100만원	100만원	자녀 수술비		50만원
성인병 입원비		3만원	3만원	10대질환 입원비		2만원
일반 수술비				일반 수술비	20세	
질병 입원비		3만원	3만원	질병 입원비		2만원
재해 입원비		2만원	2만원	재해 입원비		2만원
재해 골절치료비		30만원	30만원	골절/화상치료비		30만원
질병 통원의료비	100세	30만원	30만원	질병 통원의료비		10만원
질병 입원의료비		5,000만원	5,000만원	질병 입원의료비		5,000만원
상해의료비		1,000만원	500만원	상해의료비		500만원
일상생활배상책임		1억원	1억원	자녀배상책임		1억원
벌금		2,000만원	2,000만원			
형사합의지원금 (타인 사망)	80세 까지 가능	3,000만원	3,000만원			
형사합의지원금 (타인 부상)		2,000만원	2,000만원			
방어비용		300만원	300만원			
총 보험료		150,000원	83,000원	총 보험료		21,000원
납입기간		20년	20년	납입기간		20세 납

이 가정의 가계 흐름표에서 가장 문제가 되는 부분 중 하나는 보장성보험료가 과하게 지출되고 있다는 사실입니다. 월수입에서 보장성보험료가 차지하는 비중이 18%나 됩니다. 수입 대비 보장성보험의 적절한 비중은 7% 이하가 적당합니다. 이 부분의 수정을 통해 월 저축 및 투자의 여력을 높이는 것이 가장 시급합니다.

현재 보유하고 있는 보험상품을 정확히 분석, 판단하는 과정에서 기준점이 되는 것은 가계 구성원들의 보장성보험에 대한 목적을 분명히 해야 한다는 점입니다. 즉 보장성보험의 목적은 사망보장, 건강보장, 배상책임의 세 가지로 분류됩니다. 가장에게는 이 세 가지 목적이 모두 포함되지만, 배우자와 자녀들에게는 사망보장의 필요성이 상대적으로 낮으므로 건강보장과 배상책임 부분에 집중하는 보험관리 전략이 필요합니다. 이 가정에 적절한 보장성보험료의 수준은 30만원 미만이라고 생각합니다. 앞의 자료를 기준으로 하여 현재 보유하고 있는 보험의 적합성과 수정 및 보완이 필요한 부분을 찾는 과정이 필요합니다.

4) 잔여 대출의 활용 방안

주택을 구입할 때 받은 대출금 3,000만원이 아직 남아 있고 대출이자율은 7% 수준입니다. 그런데 은행 예금에 2,500만원이 눈에 띕니다. 예금 이자율은 4.5~5% 수준입니다. 높은 금리의 잔여대출이 있는 상황에서 낮은 금리의 예금을 보유하고 있다는 부분은 이치에 맞지 않습니다. 예금 자산 중 일정액은 대출상환으로 활용해야 합니다.

그리고 잔여대출 기간이 짧아 월 상환액이 높은 편이므로 대출상환 기간을 늘리는 것도 좋은 전략입니다. 다시 말해, 대출 잔액을 2,000만원으로 줄이고, 대출상환 기간을 조금 늘리면 매월 대출상환을 위한 금액은 19만원 수준으로 낮아집니다.

5) 소비성지출 내역 중 기타 비용

재무 상담을 진행하다보면 많은 사람들의 월 현금흐름표에 기타 비용 부분이 있습니다. 이러한 비용은 의류비, 경조사 추가비용 등 매월 일정액 지출이 아닌 변동폭이 큰 지출인 경우가 많습니다. 그리고 이러한 금액의 산정 기준은 변동폭이 낮을 때가 아닌 높을 때의 지출금액 기준인 경우가 많습니다. 하지만 기타 비용은 평균금액으로 산정하거나 최저 비용으로 산정하는 것이 좋습니다. 많은 금액이 필요할 때에는 긴급예비자금에서 활용하는 것이 좋습니다.

6) 재무계획의 정확한 산정

구분	재무목표	필요시점	준비기간	필요자금
1	긴급예비자금	수시		600만원
2	차량교체비용	2010년	2년	2,500만원
3	결혼10주년여행	2012년	4년	400만원
4	주택확장 자금	?년	?년	1억4,000만원
5	자녀교육자금 첫째	2020년	12년	9,000만원
6	자녀교육자금 둘째	2023년	15년	1억1,000만원
7	노후대비자금	2027년	19년	월 240만원

긴급예비자금

예비자금의 적절 규모는 600~1,000만원입니다. 다른 재무계획에 대한 자금의 활용을 감안하여 600만원 선에서 긴급예비자금을 관리하십시오.

차량교체 비용 및 결혼10주년여행

자녀교육 비용, 주택확장 비용, 노후대비 비용 등 미래에 대한 계획도 중요합니다. 하지만 현재 윤택한 생활을 즐기는 것도 중요합니다. 차량교체 비용과 결혼 10주년 여행 모두 정말 중요합니다. 이 계획에 대해서는 대출 잔액 일부 상환 후 남은 자금과 곗돈 및 적금의 만기금, 그리고 보장성보험의 수정을 통해 발생한 자금으로 충분히 해결 가능합니다.

주택확장자금

현재 살고 있는 주택은 4인 가족이 거주하기에 다소 좁을 수 있습니다. 하지만 주택 확장에 대한 계획보다 자녀교육과 부부의 노후준비를 위한 계획이 더 중요하다고 생각합니다. 자금의 여력이 있다면 주택 마련 계획에 중점을 두는 것이 좋습니다만, 현재 자산 규모를 파악할 때 이 부분에 대한 투자보다는 다른 계획에 대한 투자가 더 중요하다고 판단됩니다. 기본적인 청약상품의 활용 전략만 유지하는 방향으로 재무설계 계획을 실행하는 것이 바람직합니다.

자녀교육자금

자녀의 4년 대학등록금이 교육자금 마련의 주된 목적이라고 감안한다면, 첫째 자녀는 9,000만원, 둘째 자녀는 1억1,000만원의 자금이 필요합니다. 8~10% 수준의 수익률을 가진 금융상품을 활용한다는 가정 아래 현재 시점부터 매월 70~80만원을 투자해야 합니다.

노후대비자금

이 부부의 노후생활비 규모는 월 240만원입니다. 남편의 국민연금 예상 수령액은 115만원, 부인의 예상 수령액은 약 30만원으로 예상됩니다. 현재 활용 중인 연금상품에서 60세 시점에 받을 수 있는 연금 예상액은 남편은 현재 화폐가치 기준으로 14만원, 부인은 6만원 정도로 예상됩니다.

a. **노후생활비**: 240만원
b. **국민연금**: 145만원
c. **현 금융상품**: 20만원
d. **현 부족자금**: 75만원

75만원 정도 부족한 노후생활비를 해결하기 위해서는 60세 시점에 약 5억7,000만원 정도의 자금이 필요합니다. 이 자금을 마련하기 위해서는 현재부터 매월 약 110만원을 추가로 투자해야 합니다.

7) 재무계획 및 현 수입을 감안한 추천 포트폴리오

(단위: 원)

재무목표	변경 전 투자	변경 후 투자	기간	거치액	현불입액	조정불입액	기대수익률	목표자금
예비자금	일반예금	CMA	초단기	6,000,000				
차량교체 비용		저축은행 예금	2년	9,000,000			6.8%	
	곗돈 만기	ELS(지수연계펀드)		3,270,000			10~18%	
	적금 만기	저축은행 예금		6,140,000			6.8%	
	보장성보험정리금	저축은행 예금					6.8%	
결혼10주년 여행	보장성보험정리금	거치형펀드(국내, 해외)	4년					
주택확장자금	청약예금	청약예금		9,000,000				
자녀교육자 금		적립식펀드 2개(국내형)	10년 이상			400,000		
		적립식펀드 2개(해외형)	10년 이상			290,000		
노후대비	연금보험	연금보험(남편)	완료	24,000,000				
	연금보험	연금보험(배우자)	~4년	6,300,000	160,000	160,000		
		변액연금 or 변액유니버셜적립보험	10년 이상			500,000		
		연금펀드(소득공제용)	10년 이상			임의식(보너스 활용)		
		합 계		63,710,000	160,000	1,350,000		

• 향후 활용할 펀드에 대해서는 가입 단계에서 각 투자지역 및 투자처의 과거 상황 및 미래의 가능성에 대한 정보를 충분히 파악한 후 금융상품을 선택해야 합니다. 그리고 주기적으로 꾸준히 수익률을 관리하고 경제상황을 체크 할 수 있도록 재무담당자의 도움을 받을 것을 추천합니다.

• 보장성보험의 수정 및 보완 과정에서 객관적인 정보와 방향성을 충분히 인지한 후 판단해야 합니다.

• 노후대비 금융상품의 명의는 남성보다 여성의 비중을 높게 책정하여 관리하는 것이 바람직합니다.

보험의 수정은 과감하게 실행하라

보장성보험은 소비성지출, 즉 생활비, 교통비처럼 매월 사라지는 지출로 관리하는 것이 바람직하다. 만일 보장성보험의 소비성 지출 규모가 당신의 보험 활용 목적에 적합하지 않거나, 수입에 비해 과하게 책정되었다면 반드시 수정이 필요하다. 당신이 미혼이라면 수입대비 보장성보험의 지출은 5%를 넘기지 않는 것이 좋다. 당신이 기혼이라면 가족의 보장성보험료는 수입의 7%를 넘기지 말라. 만약 그 이상이라면 보험의 수정이 필요하고, 수정에 대한 대안이 결정되면 과감하게 실행하라.

원하는 목표를 달성하는 것이 바로 '자산 관리'

저는 금융 분야에서 유명한 강사도, 잘 팔린 책의 저자도 아닙니다. 단지 '재무상담사'라는 직책을 갖고 재무 상담 분야에서 열심히 일하고 있는 평범한 직장인입니다. 그리고 포털사이트에서 금융관련 커뮤니티 카페 '저축협회(http://cafe.naver.com/buckslife)'를 운영하고 있습니다.

제가 하는 일인 재무 상담이란 '사람들이 자신이 처한 금융 상황을 제대로 평가하고, 적절한 목표를 설정하고, 계획을 수립하고 실행하며, 그 결과를 모니터하도록 돕는 일'을 하는 것입니다. 매일매일 고객들이 어떻게 하면 실패하지 않고 그들의 재무계획을 잘 성취할 수 있을까 고민하고 조언을 주는 일이죠. 더 쉽게 말하면, 돈 때문에 앓고 있는 고객의 병을 진단하고, 해결책을 처방하며, 더 나아가 병을 예방하는 일까지 담당하는, 당신을 위한 금융 주치의라고 할 수 있겠습니다.

그런데 제가 "재무설계 상담 받으시겠어요?"라고 질문하면 대부분의 사람들은 한결같이 "돈 있는 사람들이 하는 것 아닌가요?"라고 반문합니다. 혹은 "돈이 있어야 그런 것도 받죠. 살기 빠듯하고 만들어 놓은 목돈도 없는데 무슨 재무설계예요?"라며 한탄하기도 합니다.

재무설계는 자산가들의 전유물로 오해받고 있지만, 사실 살아가는 내내 인생이 빠듯하다고 느끼는 서민들에게 더 필요한 것입니다. 조금이라도 마음의 넉넉함과 여유를 갖게 하기 때문이죠.

제가 재무 상담이란 일을 하는 이유와 이 책을 쓰게 된 이유는 단 한 가지입니다. '실패하지 않는 재테크(재무설계)를 위해서'입니다. 저를 포함하여 저를 만나서 궁금증을 해결하는 많은 분들이 최소한 금융적인 부분에서만큼은 실수하는 것을 줄였으면 하는 바람입니다. 아프거나 다치지 않으면 병원에 갈 일도 거의 없습니다. 하지만 건강할 때 주기적으로 건강검진을 받으면서 질병을 예방하는 것이 건강을 지키는 최선의 방법입니다.

행복한 결혼생활을 하고, 좋은 집에서 살고, 자녀에게 좋은 교육을 시키고, 부부가 편안하게 살다가 풍요로운 노후생활을 즐길 수만 있다면 얼마나 좋을까요. 이런 멋진 인생 여정에서 가장 밑바탕이 되는 것이 바로 돈입니다. 요즘 세상에는 돈을 버는 것도 힘든 일이지만, 그보다 더 어려운 일은 돈을 지키고 관리하는 일이라고 생각합니다.

자산이란 돈만을 의미하지는 않습니다. 현금, 부동산, 주식, 채권, 보험, 연금 등 돈보다는 훨씬 더 광범위한 항목이 자산에 포함됩니다. 이런 자산들을 합리적이고 체계적으로 관리함으로써 원하는 목표를 달성하는 것이 '자산 관리'의 정의가 되겠죠. 즉, 분명한 투자 목표를 설정하고, 그 목표를 달성하기 위해 저축이나 투자를 하는 행위가 바로 자산 관리입니다. 따라서 자산 관리를 잘 하려면 먼저 현재 자신의 자산 현황을 잘 파악하고, 이에 따라 자산을 증식하고 관리해야 하는 이유가 무엇인지에 대한 분명한 목표를 세우는 것이 가장 중요합니다.

　재테크는 무조건 재산을 증식하는 단편적인 행위가 아닙니다. 자산을 모으고 관리하되 구체적으로 어떤 목적을 위해 얼마의 금액을 언제까지 마련해야 하는지 정한 후, 저축과 투자를 통해 차근차근 실행해가는 과정이 자산 관리인 것입니다. 이런 과정을 거쳐 이루어진 투자는 주먹구구식으로 대충하는 투자와는 접근 방식이 다릅니다. 우리가 원하는 인생 목표를 달성하기 위해서는 생애 전반에 걸친 세밀한 설계 안에서 종합적으로 자산 관리가 이루어져야 합니다.

　그러면 대체 어떤 좋은 섬 때문에 낭신에게 재무 상남을 권하는 섯일까요? 그것은 바로 재무설계를 하면 '더 이상 미래가 불안하지도, 막연하지도, 그래서 걱정만 앞서지도 않게 된다는 점' 때문입니다.

　내가 현재 저축하는 금액이 적정한지
　펀드를 해야 할 것 같은데 어디에 얼마나 해야 하는지
　집을 사야 하는데 어떤 준비를 어떻게 해서 언제 사야 하는지
　이렇게 저축해서 자식 교육은 충분히 시킬 수 있는지
　자식이 결혼할 때 부모 역할(경제적 역할)을 제대로 할 수 있을지
　내 노후는 제대로 준비되는지
　내가 가입한 보험이 불의의 사고 때 제 역할을 할 수 있을지

등에 대한 걱정과 불안한 미래에 대한 해결책을 구하기 위해 재무설계와 상담이 필요한 것입니다.

그러면 어떻게 시작해야 할까요? 당신이 가진 금융관련 자산들, 10만원이든, 100만원이든, 1억원이든, 재무설계를 통해 충분히 분석하고 미래의 자금 실행에 대한 계획들을 알뜰히 세우고 나면 얼마든지 재테크는 가능합니다.

인생은 단편소설이 아닌 종합예술입니다. 인생을 살면서 잘 닦인 하나의 길에서만 평생을 살 수 있다면 얼마나 좋을까요? 하지만 길을 가다보면 갈림길도 만날 것이고, 움푹 팬 웅덩이도 있을 것입니다. 타이어가 펑크 나 곤란한 상황에도 처할 수 있으며, 힘들면 쉬어갈 수 있는 곳도 찾아야 합니다. 이와 같이 예기치 못한 많은 상황들에 대비하여 미리 지도, 삽, 스페어타이어, 텐트 등의 준비물을 마련해 둔다면 조금 더 안심하고 떠날 수 있는 인생 여정이 될 것입니다.

재테크도 마찬가지입니다. 다가올 미래의 여러 가지 상황들 중 확정되어 있는 큰 규모의 목표들에 대해 지금부터 함께 준비해 나간다면, 당신은 미래를 생각할 때 막연한 걱정이 앞서기보다 기대와 희망에 부풀어 현재의 삶에 더욱 충실하게 될 것입니다. 이 책을 통해 그 희망을 발견하여 오늘부터 행복한 부자가 될 준비를 시작하길 바랍니다.

KI신서 1556

머니클리닉

1판 1쇄 인쇄 2008년 11월 3일
1판 1쇄 발행 2008년 11월 10일

지은이 임영철 **펴낸이** 김영곤 **펴낸곳** (주)북이십일 21세기북스
기획 정은주 **편집** 홍우진 **디자인** 정연규 **마케팅** 주명석 **영업** 최창규
출판등록 2000년 5월 6일 제10-1965호
주소 (우413-756) 경기도 파주시 교하읍 문발리 파주출판단지 518-3
대표전화 031-955-2100 **팩스** 031-955-2151 **이메일** book21@book21.co.kr
홈페이지 www.book21.com **커뮤니티** cafe.naver.com/21cbook

값 12,000원
ISBN 978-89-509-1615-2 13320